韓国における大学倒産時代の到来と私立大学の生存戦略

尹 敬勲 著
松本 麻人 監修

はじめに

　韓国では、これまで主に産業界で進められてきた「構造調整」(いわゆる構造改革やリストラなど)が、2015年以来、高等教育の分野まで拡大してきている。その余波から、大学では就職や研究費の獲得に有利な理工系の定員を増やし、人文・芸術分野における学科の統廃合が進められている。要するに、就職に有利な人気学科のみが生き残る状況になりつつある。

　所属学科がなくなる危機に瀕することになった人文系、芸術・体育系の学生は、もちろん大学側の学部学科統廃合の決定に反発している。例えば、総長室を占拠したり、試験を拒否したりするなど大学経営陣に強く抵抗して、学内の対立が激化している。そして、経営陣と学生・教職員の対立は、大学のイメージを大きく失墜させる原因ともなっている。

　しかし、学生と教職員が反発しても、18歳人口の減少を背景に推進されている大学の構造調整の波に逆らうことは、難しいのが実情である。また、人文・芸術系学科の統廃合により、これらの学科で勉強している学生と教職員の将来は、先行きが見えない深刻な状況になりつつある。

　こうした大学構造調整をめぐる厳しい状況が続く中、統廃合の危機に追い込まれた学部学科で学ぶ学生たちの中には、学部学科の存続を訴えて大学側と対立するのではなく、起業(スタートアップ)を通じて自分たちが学ぶ分野がいかに価値あるものなのかを示そうとする人々が現れはじめた。国民大学の陶磁工芸科の学生が主導して起業した「ナンマン陶磁」(ナンマンはロマンの意味)がその代表的な例である。
「ナンマン陶磁」というベンチャーを立ち上げた学生たちは、「なぜ私たちの専門と関連する分野は就職するのが困難なのか」を自問自答し、陶磁工芸科を卒業しては食べて行くのが難しいという先入観をうち破り、人気のない学科でも競争力があることを見せたいと考えて起業に至ったのである。そして、一つのビジネスモデルとして、陶磁工芸科を卒

業後、作品の販売ルートが見つからず苦労している先輩・後輩作家のためのオンライン販売サイトを立ち上げた。もちろん、周囲は、あまりに単純なビジネスモデルとして冷ややかな目で見ていた。しかし、いざオンラインサイトがオープンすると、世間の反響は大きかった。

このように大学構造調整は、韓国の大学現場の既存の価値や秩序を変えようとしている。その中で、学生はこれから何を学ぶべきか、教育と研究の道を失った教職員はこれからどのように生きるべきか、そして大学はこれから高等教育市場でどのように生き残るべきかという重要な決断の時を迎えている。

本書は、この問いに対する一つの答えとして、能動的に構造調整の時代を勝ち抜く大学の経営、教育、研究の道を提案している。そして、これからの大学のあり方を考えていく上で、より意味のある議論を重ねるために資することを願っている。

最後に一言、この本ができるまで助けてくれた方々に感謝の気持ちを伝えたい。大学の構造調整に関する多くの議論の機会を与えてくださった清水潔先生（元文部科学省事務次官）、筆者の日本語表現から用語の適合性に至る部分まで監修をしてくださった松本麻人先生（名古屋大学）と、この本が出るに至るまで２年という長い間尽力してくださった中村憲正氏に、心から感謝の言葉を伝えたい。そして、研究に多くの時間を費やすことができように配慮してくれた最愛の妻と娘の宝倫にもありがとうと言いたい。さらに、いつも韓国で息子を応援してくださる両親に心からお礼を申し上げたい。

2018年10月

尹　敬勲

目次

はじめに 3

序章 9
  1．問題の所在 10
  2．先行研究 12
  3．研究の枠組み 15
  4．本書の構成 16

第1章　大学構造調整の政策的背景 19
第1節　大学の自律化と高等教育改革 21
  1．大学の自律化政策と大学定員の拡大 21
  2．産学連携と大学自律化の挑戦 24
第2節　大学財政の自律化と定員削減 27
  1．選別的財政支援と定員削減の促進 27
  2．大学の定員削減政策の推進と挫折 29
第3節　大学の授業料依存体質と構造調整 33
  1．定員削減と授業料依存に対する構造調整の形成 33
  2．家計の授業料負担と社会的批判 34
第4節　「半額授業料」と窮地の私立大学 37
  1．市場原理に基づく私立大学構造調整の台頭 37
  2．大学の「半額授業料」問題と政治的葛藤 39
  3．財政支援の制限措置と構造調整 40
  4．大学の経営危機と財政支援の限界 42
第5節　「半額授業料」論争と政府主導の構造調整の構図 45
  1．「半額授業料」論争と大学構造調整 45
  2．大学の構造調整政策の推進と拡大 48

①国の奨学金制度の導入と構造調整政策の妥協　48
        ②構造調整政策の再編と国家介入の拡大　49
    ３．大学の財政支援と構造調整の仕組みの定着　50
        ①財政支援主導型の構造調整の形成　50
        ②財政支援型の大学構造調整の諸問題　51

第2章　大学評価と大学構造調整への圧迫　57

第1節　大学情報公示と大学評価　60
    １．大学情報公示制度の導入　60
    ２．大学の自己評価の意義と限界　65
第2節　朴槿恵政府の大学構造改革の青写真　68
    １．朴槿恵政府による大学構造調整の推進の背景　68
    ２．高等教育総合発展方案　70
第3節　大学構造調整政策の推進形態　72
    １．「大学評価と構造調整に関する法律（仮称）」の検討　72
    ２．大学評価と定員削減　73
    ３．大学評価と差等的財政支援　74
    ４．大学構造調整と大学評価方法　75
    ５．大学評価への対処と自主的構造調整　77
第4節　大学構造調整の1周期評価の成果と課題　81
第5節　大学構造調整と大学特性化の展開　85
    １．大学特性化の評価軸の導入背景　85
    ２．特性化に走る韓国の大学　87
    ３．大学の特性化の現況と課題　89

第3章　大学の特性化戦略と競争力の強化　91

第1節　大学の統合と連携の道　93
    １．地方の大学の合併と協働：全北大学の例　93

　　　　2．大学経営のリーダーシップ：嘉泉大学　　95
第2節　究極の実学主義と実務教育戦略　　99
　　　　1．実学コンテンツとグローバル化：又松大学　　99
　　　　2．学部学科の差別化戦略：慶雲大学　　101
第3節　産学連携と起業家教育　　105
　　　　1．母体企業と大学のパートナーシップ：成均館大学　　105
　　　　2．人文学の時代と起業家教育：圓光大学　　108
第4節　究極の差別化戦略：韓東大学　　110

第4章　大学構造調整と大学改革の失敗学　　113

第1節　「企業化」する大学経営の副作用：中央大学　　114
第2節　近視眼的大学経営の対価：清州大学　　118
第3節　文化を軽視する大学経営：大眞大学　　122

第5章　大学経営と生き残り戦略　　125

第1節　大学運営の透明性の確保　　126
　　　　1．大学運営の透明性の確保　　126
　　　　2．大学情報公示の見直しと公共性の確保　　129
第2節　大学の収益事業の推進　　132
　　　　1．大学の収益事業の形態と課題　　132
　　　　2．私立大学の収益事業の実態と課題—不動産事業を中心に—　　134
　　　　　①大学の収益事業として不動産開発　　134
　　　　　②大学の不動産開発における諸問題　　136
第3節　大学のマーケティング戦略　　138
　　　　1．マーケティングの必要性　　138
　　　　2．大学マーケティング戦略のプロセス　　139

第4節　大学構造調整のシナリオ　143
　　1．学科間の競争原理の活用　143
　　2．教職員のリストラ　144
　　3．地域を超えた学部学科の連携　145
　　4．クラウド・スカラシップの時代　147

終章　私立大学の生きる道　149
　　1．大学の倒産と地域の空洞化　150
　　2．私立大学の生存の道　156

参考文献　158
　韓国語文献　158
　英語文献　166
　日本語文献　166

序章

1. 問題の所在
2. 先行研究
3. 研究の枠組み
4. 本書の構成

序章

1. 問題の所在

　今日、韓国の大学は様々な環境の変化の中で、18歳人口の減少や教育市場の開放、市場経済原理に基づいた高等教育政策の展開など、大学は存続をかけた熾烈な競争状況に直面している。韓国の大学は、第2次世界大戦と朝鮮戦争の後、急速に膨張し、需要が供給を超える教育環境で、大学経営は特別な努力がなくても、何の困難も経験しないまま、安定的な地位を維持してきたのである。しかし今日、今まで経験していなかった競争に直面し、果敢な構造調整と経営戦略が求められている（キム・ヨンファ2010, pp. 300-301）。まず、韓国の大学をめぐる状況がどのように変わってきたのかを簡単にみていく。

　1945年に日本の植民地支配から解放された直後1万6千人の規模だった韓国の大学生の数は、2015年には360万8071人にまで増大し、大学進学率は70.9％に達した（韓国教育開発院2015）。この70年あまりの間で、韓国の大学は少数のエリート養成を目標としていた高等教育機関から、教養教育と職業教育を統合した大衆的高等教育機関へと変貌した。そして、このような大学の成長は、政府による公的投資ではなく、大学の設立経営に必要な費用をはじめ、ほとんどが民間の私的投資によって負担されてきた（キム・ギソク2008; ユン・チョルギョン1993）。教育の重要性に強く共感していた人々の私的財産の出捐によって大学が設立され、高等教育機関の量的拡大が実現できたのである。このような民間の負担によって成長してきた韓国の高等教育市場は、政府の公共支出が低い水準を維持する構図を定着させるに至ったのである（チャン・スミョン2009b, pp. 97-100.）。

しかし、今、少子化等によって大学全入時代となり、大学進学希望者が激しい競争を繰り広げていた供給者主導の市場から、学生や保護者が大学を選択する需要者主導の市場へと変わってきている。2005年を起点とする18歳人口の急激な減少により、多くの大学は学生を集めることが困難な状況に直面しているのである。

　また、もう一つ韓国の大学をめぐる深刻な問題として挙げられることは、大学が経営危機に陥ることに留まらず、長年、市場規模を拡大することを支えていた社会的仕組みが崩れはじめていることである。具体的にいえば、大学に通う学生が負担する教育費や、多くの韓国の家計が直面している家計の負債の増加、出生率の急激な低下、そして高齢者の増加による福祉財源の圧迫など、様々な社会的費用の増加によって、韓国の大学は自らの大学運営に必要な財源を確保することがますます難しい状況になっているのである。もちろん、政府も大学の経営を支援する補助金を今以上に出すことは難しい状況である。

　このような状況から、韓国の教育部（日本の文部科学省にあたる）は、高等教育市場の規模を縮小させ管理すること、要するに大学の数を減らすことや大学の組織的再編とカリキュラムの変更を促し、高等教育機関にかかる費用削減と質の向上を図る政策を推進しはじめた（教育部関係者の聞き取り調査より）。すなわち、大学の「構造調整」（restructuring）を実施しはじめたのである。

　特に、朴槿恵（パク・クネ）政権は政府主導の大学構造調整を推進し、高等教育市場の刷新を図っている。本文で詳しく説明するが、朴槿恵政権下の構造調整政策を一言で定義すると、政府が全ての大学を評価し、評価結果に基づき定員削減の数と財政支援の額を選別的に割り当て、受験生が評価の低い大学に受験することを控えるようにするものである。そうすることで、財政支援を得られない大学が経営困難になり、大学が自ら学校法人を解散するように誘導する。そして、最終的には、大学の数を減らしていくということである。つまり、高等教育市場の自由競争によって大学の運命が決められるのではなく、政府が主導し、大学の運命を決めるということである。もちろん、政府主導の大学構造調

整を推進する過程で、特に低い評価を得た私立大学は反発しているが、大学の構造調整政策は2015年、本格的に始まってしまった。そして、文在寅（ムン・ジェイン）政権下でも大学構造調整政策の流れは続いている。

　このように韓国の大学をめぐる状況は政府主導の大学構造調整の実施と18歳人口減少による大学需要の激減の中で、大学は政府からより良い評価を得るため、また、学生や保護者から選ばれる大学になるために必要な経営戦略が求められるようになった。実際、韓国の上位の私立大学の中には、戦略的に大学自ら構造調整を推進しているところもある。

　本書は、韓国の大学をめぐる環境の変化に伴う大学の経営戦略の重要性に注目し、大学の特色ある事例を中心に検討して、今後、大学がさらに厳しさを増す競争の中で、どのように生き残るか、大学経営のあり方を検討していくつもりである。

　そのために、第一に、韓国の大学が構造調整という危機的な状況に至るようになった歴史的背景と大学現場の問題点を考察する。特に、大学構造調整が本格的に議論され始めた2000年代初頭から推進された、大学構造調整の歴史的観点の研究を通史的に見ていく。第二に、厳しい競争の中で、優れた大学経営戦略に基づき教育と研究を展開している大学の事例を紹介する。同時に、大学構造調整の中で大学内部の対立が激化し、大学のイメージダウンにつながった失敗例も検討する。さらに大学の特色ある経営戦略と教育研究のケーススタディを通じて、韓国国内の大学の経営上の問題を分析し、今後の大学経営の方策を提示する。第三に、高等教育の競争がますます激化する中で、大学現場で取り組むべき経営戦略を検討していく。

２．先行研究

　本研究は、財政支援と圧迫による大学の自発的廃校を促す朴槿恵政府から本格的に展開し始めた大学構造調整が推進される中で、大学が生き残りをかけて、どのような経営戦略を策定すれば、政府の構造調整と

18歳人口の減少の危機を乗り越えることができるのか、その方法を検討することを目的としている。そのため、大学の構造調整と関連する先行研究を検討していく。

韓国の大学の構造調整をめぐる先行研究は3つのカテゴリーに区分することができる。第一は、政府主導の構造調整に関する研究である。1960年代以降、韓国の高等教育の歴史を見ると、政府の介入と統制が強いため、韓国の大学構造調整は大学自らの経営戦略によるものではなく、国家の統制によって実施されてきたという見解である（ジョ・フンスン2006；シン・ヒョンソク2013）。ジョ・フンスンは、2000年代以降、韓国の大学構造調整政策は、民主化の雰囲気が韓国社会において拡大する中で、依然として1970年代と同じような官僚主義的な性格が強かったと指摘し、本来自由な精神の象徴とも言える大学を、運営と経営の両方で制度化された国家主義のもとで統制してきたと分析した（ジョ・フンスン2006）。また、シン・ヒョンソクは、1990年代以降、韓国政府の大学に対する介入型の構造調整政策が展開され、大学現場では自らの経営に関する将来的な方向性を定めることができず、政府の政策に迎合する形で展開され、大学の自律的経営が困難となったと説明した（シン・ヒョンソク2013）。両者の見解を総合すると、韓国の政府主導の大学構造調整の歴史的流れは、大学の自律的経営戦略と将来のビジョンの設計を困難にする要因となったと言える。

第二に、韓国の大学構造調整の特徴を新自由主義的な性格が強いと捉えた研究がある。この研究は、1995年の金泳三（キム・ヨンサム）政権から2002年の金大中（キム・デジュン）政権の間、韓国の大学の設置基準が準則主義によって緩和されて以来、最も急激に高等教育が量的に膨張し、規制緩和と大学の自由競争の論理が定着したと分析した（チャン・スミョン2009）。特に、この時期、大学設立基準の規制緩和や定員拡大、大学の授業料策定の自律化など、政府の規制緩和が行われたことを取り上げ、文民政権の登場という政治の民主化とともに、大学にも新自由主義的な流れが形成されるようになったとされる（パク・シンヨン2009；イム・ジェホン2014；チョ・ンジニ2012）。チョ・ヒヨンは、

一見すると、政府の大学経営への介入が顕著である韓国の大学構造調整は政府の統制によって国家主義的性格が強いように見えるが、突き詰めて考えると、韓国の大学構造調整は新自由主義的な性格の大学介入の方式を採用し、軍事政権下の統制的大学構造調整とは本質的に違う部分があると主張した（チョ・ヒヨン2014, p.241.）。ソン・フンスクとソン・ジュンジョンも、韓国の大学構造調整は、教育研究活動の評価の計量化、大学の評価に基づく選別的財政支援を行うなど、規制緩和と自由競争を基盤とする韓国型の独自の新自由主義的な構造調整が行われたと述べている（ソン・フンスク2002; ソン・ジュンジョン2012）。

　大学構造調整の性格をめぐる上記の二つの先行研究の流れからわかるように、韓国の大学構造調整の性格を一つに定義することは難しい。また高等教育研究者の間では通説とも言える見解を定めることが困難な状況でもある。このような状況で、朴槿恵政権は18歳人口の減少によって生じる大学教育の質の低下を防ぐために、大学構造調整政策を展開した。いわゆる、人口動態的解析に基づく政策である。18歳人口の減少という人口動態に注目し、特に2023年をターニングポイントとして大学の全入時代に入ることで生じる大学現場の困難と教育の質の低下を防ぐために、構造調整の必要性が促されている。ジャン・ソクファンは、18歳人口減少によって生じる高等教育の需要と供給の逆転現象は、政府主導であろうが、新自由主義的であろうが、構造調整を推進しなければならないという当面の課題を受け止めるしかないとした（ジャン・ソクファン2007, pp. 401-402.）。また、ユン・ジグァンは、韓国の大学入学者である18歳人口の減少は、すでに1990年代後半から大学進学率の上昇が限界となり、さらに、出生率の減少によって問題提起が行われており、構造調整に関する具体的議論の遅れが顕著であることを指摘した（ユン・ジグァン2013, pp. 31-32.）。

　そして、大学の構造調整を財政社会学的視点から分析した研究がある。韓国の高等教育は1960年代以降、少ない政府を標榜し、高等教育財政支出のため、授業料に依存した資源構造を持つようになった。すなわち、入学定員を増やしながら、同時に授業料の上昇を導く構造を形成

してきたとする、韓国の高等教育の財政構造を分析した研究がある（ユン・チョルギョン1993）。キム・ジョンヨプは、政府の低い財政支援の水準を問題視しながら、継続的に授業料が上昇する中で、学生と家族が払い続けた授業料収入が高等教育の制度的基盤を形成したとする。韓国の高等教育を支えた主役として、経済的な面での学生と家族の役割の大きさを指摘した（キム・ジョンヨプ1999, pp. 13-19.）。すなわち、財政社会学的視点からの研究は、韓国の高等教育の構造を把握する上で、財政的部分を誰が担ったのかが大学が今後生き残って行く上でいかに重要であるかを述べている。

　以上のような四つの大学の構造調整をめぐる先行研究の特徴を整理すると、政府主導の構造調整にしろ、新自由主義的な構造調整の性格を政策に反映させたにしろ、また、18歳人口の急激な減少による対策の必要性を指摘するにしろ、なんらかの形での大学構造調整が必要であることに関しては共通している。しかし、既存の先行研究においては、具体的にどのように構造調整を展開すべきかという方法論に関する議論にまでは至っていない。そのため、本書では、大学の構造調整の必要性に関する先行研究の共通認識を踏まえた上で、さらに、今まで先行研究では取り上げられなかった2015年度から実施されている朴槿惠政権の大学構造調整の動向を分析するとともに、大学が生き残るための経営戦略、特にマーケティング戦略に焦点をあてて検討していく。

３．研究の枠組み

　本研究を展開する前に、何故、2003年以降の大学構造調整から扱うのかという疑問に対してここで答えておく必要がある。端的にいえば、本書における大学構造調整は、18歳人口の減少という要因によって政府の構造調整政策と大学現場の構造調整政策が展開されるという人口動態的研究の流れに軸を置いている。その上で、大学がどのように経営戦略を策定し、生き残りをかけた戦いへ望むべきかという点に焦点をあてている。

以前、拙著『韓国の大学リストラと構造調整』では大韓民国政府樹立以降の高等教育の歴史的流れを検討する中で、戦後大学の設立の拡大によって高等教育機会の拡大がもたらした入試競争の過熱という問題を検討した。すなわち、2003年から始まった18歳人口の減少により、大学の定員確保が困難になるだろうという予測がまだ注目されていなかった時代において、高等教育政策において大学の構造調整は必要なかったのである。むしろ、準則主義によって大学の数を増やす時代であった。2003年になると少子化による18歳人口の減少によって、大学の数を減らす必要が生じたからである。

　本書は、以前の研究の課題を踏まえた上で、今日、日本でも問題視されている18歳人口の減少による大学の定員割れの問題など、両国に類似する学齢人口の減少という要因に注目し、18歳人口減少時代における大学経営のあり方を検討していく。

4．本書の構成

　第1章では韓国政治の民主化に伴い大学の自律化が促される中で、大学が財政の自律化を図るための大学構造調整の動向を検討する。特に、大学準則主義による大学の量的拡大と、授業料依存体制が定着することで現れた、大学の自律的財政運営の拡大が生み出した経営状況を踏まえ、韓国の大学の構造調整に至った歴史的背景を検討する。

　第2章では、大学構造調整を実施する根拠となる大学評価がどのように実施されてきたのか、その背景と実情を把握する。そして、朴槿恵政権下で実施した大学構造調整の計画と評価方法、そして制裁の中身を確認する。さらに、大学評価の重要なキーワードとなっており、大学競争力の強化の政策基調である「大学特性化」の概要を考察する。

　第3章では、大学構造調整の評価結果を踏まえて、大学特性化を推進する過程で優れた取組を展開している大学の事例を考察する。

　第4章では、大学構造調整の評価結果を踏まえて、大学特性化及び経営に大きな課題を抱えている大学の事例を分析する。特に、大学構造調

整を展開する過程で生じた学内の対立と葛藤、大学を運営する学校法人の理事長や総長による独断的経営の問題を分析する。

　第5章では、大学構造調整が展開される中で、大学が生き残るためにはどのような戦略を立てるべきなのかを論じる。例えば、大学組織運営の透明性の確保、大学の収益事業の推進、大学マーケティング戦略と大学の自発的構造調整戦略の方法という四つの項目を中心に大学の構造調整時代を生き抜く方法を考察する。

　終章では、大学の構造調整時代の幕開けに大きなショックを受けている大学が、構造調整を恐怖の対象として捉えるのではなく、むしろそれを機会として捉え、従来の大学で当たり前と思われていた部分、そして守るべきものとして考えられていた部分を一度疑ってみることから、再度大学の存在価値を確認することの必要性を把握する。

第1章

大学構造調整の政策的背景

第1章　大学構造調整の政策的背景

　2003年から2007年にかけては、韓国の高等教育の歴史において「構造調整」という言葉が初めて取り上げられ、高等教育の転機を迎えた時期である。1990年代を通じて続いてきた大学自律化政策と大学定員の増加は、1997年のアジア経済危機以降も継続し、韓国高等教育史において最も高い数値を記録した。

　しかし、2003年になると大学の進学率も伸び悩み、準則主義に変わって以来初めて、定員の量的削減が本格的に始まった。2003年に発足した盧武鉉政府は、構造調整政策を通じて大学の財政支援を選別的に行い、私立大学の定員削減を促し始めた。

　具体的には、私立大学の定員削減政策と授業料引き上げの自由化、産学協力の制度化、大学収入の多様化を柱とした。特に授業料の引き上げは、構造調整に伴う授業料収入の減少と運営費用の増加という、大学経営上の課題を克服するための重要な手段となった。

　盧武鉉政府は、授業料の引き上げの自由化という政策を打ち出すことで、私立大学に対する政府の財政負担を減らし、高等教育に対する公財政支出の効率化を図ろうとしたのである。本章では、盧武鉉政府の高等教育財政の負担軽減政策と、授業料の高額化問題を検討する。

第1節　大学の自律化と高等教育改革

1．大学の自律化政策と大学定員の拡大

　2000年代以降の本格的な大学の構造調整政策の性格を理解するためには、まず、その歴史的文脈を二つの側面から確認しておく必要がある。一つは、1989年から2000年代初めまで継続的に行われた大学自律化政策がもたらした問題と、もう一つは、1997年のアジア経済危機の影響で韓国の大学が構造調整の必要性を認識し、そのための基本的なイデオロギーが形成されたということである。この二点を踏まえて、以下では、定員削減を中心とする大学の構造調整政策の性格をより明確にし、2003年から2012年までの間で展開された構造調整が韓国の高等教育の歴史においてどのような意味合いを持っているかを確認する。

　まず、1989年以降の大学自律化政策の概要を見てみよう。1989年以降の大学自律化政策が韓国の高等教育政策の転換点となった大きな理由は、政府の管理下にあった授業料の決定権が大学に委ねられたからである。1960〜1980年代の高等教育政策は、経済成長を支える人材育成という目的の下、政府統制型であった。特に、1965年「大学学生定員令」が施行されて以来、政府は大学を統制する効果的な手段として大学入学定員の決定権を掌握し、大学の経営と運営に関与して来た（イ・ヘヨン1992；キム・ヨンファ1993；ソン・ジュンジョン1995）。しかし、1987年以降、民主化運動の拡大に伴って、大学内でも管理や経営に対する政府の統制に批判が高まり、大学の自律化と政府統制からの脱却が模索されるようになった（キム・ジョンヨプ2009, pp. 49-51.）。こうした動きを受けて政府は、1989年から「大学自律化政策」を開始した。

　1989年から本格的に始まった大学自律化政策は、二つの内容を軸として展開された。一つは私立大学を対象とした「授業料の自由化」（チョン・ジンヒ2012, 83）、もう一つは「国立大学の期成会費の自由化」

である。すなわち、政府の統制下で大学の授業料が決められていた長い歴史が終わり、大学がそれぞれ自らの経営戦略に基づき授業料を策定できるようになった。1989年の大学自律化政策は、まさに授業料を基盤とする大学経営の幕開けだったのである(イム・ジェホン2014, p. 8.)。

　大学自律化政策のもう一つの目玉は、大学の入学定員の増減を大学が決められるようになったことである。その結果、大学は自らの判断で募集定員を増大させながら、授業料も毎年引き上げ、大学の収入は毎年上がり続けた。これをみた多くの企業は大学経営が「収益」をあげられる事業であると判断し、節税や社会貢献、企業に必要な人材確保などの目的で、大学の設立に次々と乗り出した。一方、地方においては多くの資産家が名誉と資産の相続手段として、大学経営に参入する動きも現れた(パク・セイル他2004)。

　大学の定員拡大と授業料が年々上昇する中、金泳三政府は、韓国の高等教育史上非常に重要な意味を持つ教育改革案を打ち出した。1995年に発表された「5.31教育改革案」である。この改革案は、大学経営の自律化に拍車をかけるとともに、大学設立に関する規制緩和として「準則主義」を促進した。さらに、1998年の「高等教育法」の改正は、大学の自主的判断で定員を決めていく動きを支えた。これを機に、大学は物価上昇率よりも遥かに高い割合で授業料を上げ続け、各大学の財政は

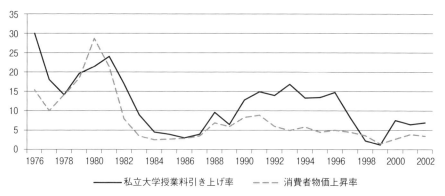

図1）私立大学授業料の引き上げ率の推移（1976-2002）

ますます豊かになった。その具体的な推移は、図1のとおりである。

　授業料の引き上げに伴い授業料収入が増える中、多くの大学は収入を確保するために、新たな学部学科を次々と設置し、定員拡大を推進した。政府がこのような大学の動きを容認した理由は、入学定員が増えることで受験競争の過熱化を解消することができ、同時に高等教育を受けた人材を多く養成できるというメリットがあったからである。

　4年制の大学と2-3年制の専門大学の定員の推移は、図2のとおりであり、大学経営の自由化と規制緩和の流れに支えられていた韓国の大学は、1989年以降量的拡大の絶頂期を迎えた。特に、大学経営を支えていた「受益者負担の原則」がこの動きに拍車をかけたのである（キム・ギソク2008, pp. 203-234.）。大学の定員が増加しつづける原因は、欧米とは異なる韓国の大学社会の内情がある。韓国の大学は、大学教育が大衆化する過程で、公的財政負担をできる限り減らし、大学進学を希望する学生の私的財政負担を基盤とする政策へ転じたからである。

　このように、公的な財政支援が長い間少なかったため、大学の理事長や総長の間では、政府は大学経営に口を出す資格はないという認識が定着していた。そして、このような大学経営者の認識が、2015年から実施される朴槿恵政権の大学構造調整政策に対する大学経営者の反発の大きな遠因となることを、この時は知る余地もなかった。朴槿恵政権の大

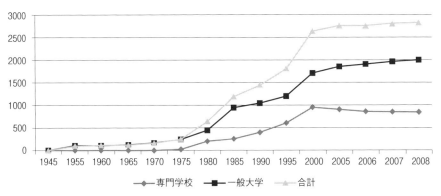

図2）大学や専門大学の全体の学生数の推移（単位：千人）

学構造調整の詳細は後述するとして、1995年以降の韓国の高等教育政策は、大学自律化政策と準則主義に支えられ、授業料の引き上げと定員拡大を推進し続けたという点に特徴があったと言える。

２．産学連携と大学自律化の挑戦

しかし、1995年以降の大学定員の拡大は、単純に授業料収入の増大を狙ったと断定することは出来ない部分もある。すなわち、大学定員の拡大を求める社会的ニーズもあったからである。

軍事政権の権威主義的な国家開発政策下で大学の定員管理は、産業界が必要とする労働力の需要と、持続的に増加する大学教育に対する需要を調和させる手段として活用されてきた。しかし、1990年代の金泳三政権以降、大学の定員管理政策は経済企画院の主導の下、大学進学希望者のニーズに対応するようになった（チャン・ソクファン2007, pp. 401-402.）。

さらに、この時期に大学の定員数が増加した理由としては、大卒者に対する産業界の需要を指摘できる。特に、1991年から1997年にかけては、大卒者が企業を選ぶいわゆる「売り手市場」であり、大学に進学すると企業への就職が容易な状況が続いた（バク・ファンボ2012, pp. 42-43.）。つまり、増加する大卒者に対する産業界の需要も、大学の定員拡大をもたらす重要な要因となったのである[1]。

しかし、1997年のアジア通貨危機は、大卒者に対する産業界の需要の急減をもたらし、需要と供給のミスマッチが起きる転機となった（チャ・ジュヒョン2011）。それだけでなく、「雇用なき成長」という危機克服のための政策は、「大学教育＝安定的雇用」という既存の構図を崩壊させた（イ・ビョンチョン2011, p. 56.; ジョン・イファン2011, p. 25.）。

その結果、定員を継続的に増やして来た大学は多くの大卒失業者を量産することになり、定員削減だけでなく、大学の数そのものを減らす構造調整の必要性が議論される契機となった。

まず、教育部はその名称を教育人的資源部に変え、人的資本管理の視点から高等教育政策を推進するという政府の強い意思を表した（韓国経済研究院2002; ソ・ドンジン2009, pp. 86-116.; バン・サンジン2014, p.8.）。教育人的資源部の発足に伴い政府は、当時の経済全体の構造改革の流れに沿って、労働市場のニーズを直接反映した学部の設置を促した（キム・ジョンヨプ1999, pp. 22-30）。
　それだけでなく、大学教育と労働市場との間の連携を新たに構築するために、「定員削減」を重要な政策課題として示した。すなわち、1990年代半ばまで大学教育の機会の拡大を要求して来た産業界の態度は、アジア通貨危機以降、真逆に反転した（パク・ジョンウォン2014, p. 87.）。定員削減を通じて大卒者の余剰労働力人口を減らすとともに、労働市場のニーズに合わない専攻や学科をなくすことで、大学教育の内容を労働市場のニーズに適合させようしたのである。
　金大中政府の終わりに近い2002年ごろ、労働市場のニーズを反映させる大学教育内容と学部学科の再編を求める構造調整は、国公立大学の統廃合やBK21の推進という面で成果を出したが、私立大学については不十分であった。むしろ、私立大学は、大学進学希望者のニーズを捉え、毎年授業料を引き上げている状況だった。すなわち、私立大学は、通貨危機以降の構造改革によって大卒者の失業が増える状況であっても、就職支援プログラムに力を入れるよりは、確実に授業料収入が得られる新入生の確保に力を入れていたのである。政府は、産業界が求める人材を育てるための学部学科の再編や、失業者を減らすための定員削減という目的の下、大学に構造調整を促したのだが、私立大学はこれに関心を示さなかったのである。
　金大中政府の大学構造調整政策の効果が国公立大学に限定される中で、改革の持続と拡大は盧武鉉政府に期待された。盧武鉉政府は発足以来、定員調整計画として「2004年大学定員の自律策定と調整計画」（2003年5月）を発表した。この中で、「大学の自主的構造調整の誘導」を掲げ、定員削減を行う大学に特別な財政支援などのインセンティブを与えることを明らかにした。

その狙いは、「産業界のニーズと大学教育のミスマッチを改善し、高等教育を受けた人的資源の社会的供給を円滑にする」ことであった（教育人的資源部2003）。さらに、民主化以降一貫して推進されてきた「大学の自律化」という基本的方針を「産業界の人材需給に合わせた高等教育人材の養成」へと変えたのである[2]。

　これは、1989年以降進められてきた大学の入学定員の自主管理の流れとは真逆の政策であった。そして、産業界のニーズに合わせた学部学科の再編と定員削減政策に焦点を当て、国公立大学から段階的に実施させるなど、韓国の高等教育政策において初めて定員を減らす発想が生まれたという点で大きな意味を持つ。次節では、定員削減という政策が大学にとって授業料収入の削減につながるという敏感な内容であることを前提に、大学財政と盧武鉉政府の定員削減政策の性格と課題を分析していく。

第2節　大学財政の自律化と定員削減

1．選別的財政支援と定員削減の促進

　1998年の高等教育法の改正により、定員設定に対する大学の裁量が大きく拡大した。その結果、入学定員の決定方式が、大学の自律的な決定の後、調整される方式に変わったことはすでに確認したとおりである。この流れを引き継ぎ、盧武鉉政府は、高等教育法の枠組みのなかで大学定員を削減させるため、1994年から実施されている大学評価認証制度の結果と連動させることで、政策目標と密接な大学を選別的に支援する方法を講じたのである（バン・サンジン2008, pp. 320-327.; チャン・スミョン2009a, pp. 32-34.）。
　また、政界においても、大学に対する財政支援を特定の政策目標の達成手段として活用する必要があるという認識が広がり、構造調整と定員削減の目標達成のために、政府の積極的な関与が必要であるという共通認識が形成された。
　このような社会的認識を基盤として、2003年11月、盧武鉉政府は、「一般支援事業の廃止」と「特別目的に基づく支援」案を発表した[3]。さらに、本格的な大学の構造調整政策を展開するため、同じく11月、「大学の競争力方案」を発表し、選択と集中による財政支援政策を通じて、成長可能性のある大学の競争力を強化する支援策を打ち出した。こうした選別的な財政支援政策の導入によって、大学に対する支援額は大きく変化した。
　図3で示したように、約6割を占めていた一般支援事業の額は2003年以降急速に減少し、特別な目的支援事業の割合が急速に増加するようになった。すなわち、大学の定員や施設の規模に応じて行われていた一般支援事業が廃止されたことを受け、それに代わる財源を求めて特別支援事業を獲得するために、大学間の競争が始まったのである（キム・フ

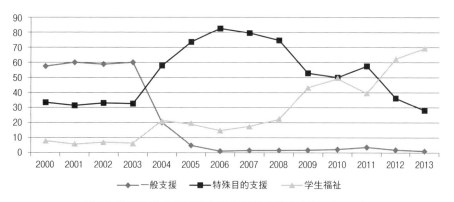

図３）教育部の大学財政支援の類型別推移（千億ウォン）

ンホ 2014, pp. 112-119.）。このように盧武鉉政府の政策は、従来の大学定員や規模に基づいた支援から、「選択と集中」の原理に基づき政府の方針に合った大学への支援へと、大学に対する公的財政支援の方針を画期的に変えたのである。

そして、2003年から2009年にかけては特殊目的支援の形態による財政支援が主流となり、政府の定員削減と教育環境の改善を求める政策に沿って運営する大学が増え始めた。1995年の準則主義以来の大学定員増加の流れが、この時初めて、削減の方向へ変わり始めたのである。これはまさに、盧武鉉政府によって大学に対する財政支援を「アメ」とする定員削減の政策メカニズムが確立したことを意味する（チャン・スミョン2009a, p. 25.）。

財政支援を通じた大学の定員削減および構造調整のメカニズムでは、2004年以降、大学に対して大学別・学科別の就職率、学生充足率などのデータの提出が義務付けられた。そして政府は、そのデータを財政支援の選定資料として活用したのである。さらに、このデータは、政府が大学の定員削減を実施するだけでなく、大学自らも財政支援の積極的な獲得を促す要因となったのである。特に、私立大学においては、財政支援というインセンティブ（incentive）を得るために、定員削減という課題に積極的な姿勢を見せるところも現れた。

こうした中、盧武鉉政府は、2004年12月に発表した大学の構造改革案において、2006年度までに学部入学定員を2004年度に比で10％削減、教員1人当たりの学生数40名とするという目標を示した。そして、こうした要件を充足する大学のみ財政支援事業に参加できると発表した（教育人的資源部2004）。すなわち、大学の財政支援事業への参加条件として、定員削減と特定の指標達成を設定し、これらの実現を強く促したのである。2006年に発表された「2007年度の定員調整計画」では、BK21や地方大学の特性化（NURI）事業など、様々な財政支援事業の選定過程において、同じ仕組みが採用され、大学に対する財政支援事業を通じた政府の介入は顕著になったのである。

　結局、盧武鉉政府は、政府の財政支援を定員削減という目標と連動させることで、1995年以降続いてきた定員自由化の流れに歯止めを掛けるとともに、私立大学に対する構造調整の土台を形成したのである。

2．大学の定員削減政策の推進と挫折

　上述のとおり、盧武鉉政府の大学構造調整は、定員削減に主眼をおいていた。しかし、定員の削減にあたっては、一つ問題がある。それは、私立大学のように、学生の授業料収入に依存している大学の財政的損失をどのように賄うのかという点である。従って、政府は、私立大学を定員削減に協力させるために、追加的な財政支援策を設ける課題に直面し[4]、次のような措置を検討した。

　第一に、定員削減に伴う私立大学の収入減への対策として、初等中等教育のように、内国税の一定割合を補助金の形で予算編成する「高等教育財政交付金」を設置することであった。

　この交付金制度の導入は、内国税の一定部分を一般会計ではなく特別会計として編成し、高等教育予算の財源を確保することを骨子としている。特別会計において補助金として編成すると、毎年の一般会計編成過程で生じる政治的対立、特に企画財政部（日本の財務省に当たる）の干渉余地が小さくなり、一定規模の高等教育予算を比較的自由に確保する

ことができるからである。盧武鉉政府のこの案は、定員確保に困難な状況におかれている地方の私立大学を中心に支持を得た[5]。

　実際、盧武鉉政府初期において、このような高等教育財政交付金制度は、実現可能な選択肢として考えられていた。ユン・ドクホン教育人的資源部長官も、2004年後半の時点までは、教育人的資源部の重点課題の一つとして「高等教育財政交付金法」の成立を考えており、「夏期全国大学総長・学長セミナー」などで同法案の制定の必要性を主張していた。しかし、企画財政部を中心とした政府内部の反発や教育人的資源部内部の派閥の対立によって、「高等教育財政交付金法」案は国家で審議すらされなかった。

　そうした中、2005年1月に就任したキム・ジンピョ長官は、構造調整の必要性を強調しつつ、補助金形式の大学財政支援策に強く反対した[6]。私立大学に対する財政支援の拡大を可能とする法案の成立が難しくなる中で、高等教育に対する公財政支援は、教育予算全体の予算の増加幅やGDP上昇率などと比べても、最低レベルの上昇率（平均7％台）に留まり、大学に対する財政支援は厳しい状況が続いたのである（キム・フンホ2014, p. 67.）。

　第二に、大学の退出経路、すなわち、学校法人が自ら解散することを制度化することである。1995年から実施されてきた準則主義が新規大学の設置を促す規制緩和だとすると、今度は逆に大学の退出や合併を自由にできるようにする規制緩和が主張され始めたのである。

　この議論の背景には、予算が限られる中で大学に対する政府の財政支援負担を減らすと同時に、構造調整を実施する上で私立大学が退出しやすい環境を醸成し、私立大学との摩擦を減らそうとする意図があった。しかし、これも国会で可決されるには至らなかった[7]。

　その理由は、私立大学の退出を容易にするために、法人の財産の一部の帰属を設立者に認めることを条件としていたからである。教育人的資源部は、「構造調整特別法」によって学校法人の財産の一部について設立者の所有権を認めることで、大学の自発的な解散を誘導する方向に舵を切ったのである。

この法案は、単に大学構造調整を促進するための一時的な措置というよりは、私立大学の所有権の性格を再定義することにより、大学の退出と合併を市場メカニズムによって推進しようとする性格を持っていた。
　しかし、公表以前からこの法案は、左派系教育団体を中心とする反対勢力の批判に直面していた。特に、私学の不正が社会的問題として大きく取り上げられる中、私学の退出を容易にするこの法案は、私学に対する政治的な擁護という印象を与え、世論の強い反発もあって、結局法案の発議には至らなかった[8]。
　このように、既存の私立大学の性格を変えることを目的とした高等教育財政交付金法案と構造調整特別法は、いずれも政治的な反対を克服することができず、頓挫してしまった。二つの法案の成立に失敗した教育人的資源部は、既存の枠組みで大学を維持するほかなく、授業料収入に依存する大学の体質はそのままで大学経営の健全化を支援する道を模索するしかなかった。
　こうして、政府は授業料依存を黙認する一方、国からの一般的な財政支援を減らしつつ、競争的な資金に基づく支援事業を増やす政策をさらに強めたのである。また、授業料の自由化政策により、大学の授業料依存はますます高まったのである。
　図4からわかるように、国公立大学の授業料は授業料引き上げの自由

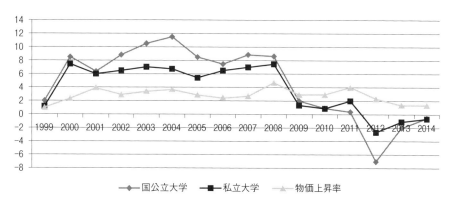

図4）私立大学授業料の引き上げ率と消費者物価上昇率（1999-2014）

化の影響により2002年から上昇しており、また、私立大学の授業料も平均6.2%の高い上昇率（2003-2007年まで）を見せている。既に述べたように、定員削減を促す政府の構造調整案が議論される中、私立大学は安定的な財源を確保するために授業料を引き上げざるを得なかったのである（チョン・ジンヒ2012, pp. 105-106.）。次節では、政府の高等教育予算が十分確保されない中、大学を維持するために、どのような運営構造が形成されたのかを詳しく検討する。

第3節　大学の授業料依存体質と構造調整

1．定員削減と授業料依存に対する構造調整の形成

　盧武鉉政府の構造調整政策は、定員削減の量的な側面では、金大中政府に比べて成果を出していた。2003-2007年の間、全体で7万2000人、そのうち私立大学は6万人の定員を削減した。もちろん、大学全体でみた場合、依然として国立大学の定員削減の割合が相対的に高かった。それでも、金大中政権期においては実質的に何も行われなかった私立大学の構造調整が、盧武鉉政府になって成果を出したという事実は重要な意味を持つ（バン・サンジン2014, p. 14.）。盧武鉉政府は、私立大学の構造調整を実施するに当たって、大学の支出において大きな比重を占め、大学授業料の上昇を招く要因とされる教員の給与の削減を図った。しかし、政府の意図に反して私立大学の教員給与は上昇し、これに伴い授業料も上昇を続けた。

　図5から見られるように、授業料に対する教員の給与の比率は持続的に上昇していたことが分かる。結局、大学の会計においては固定費の増

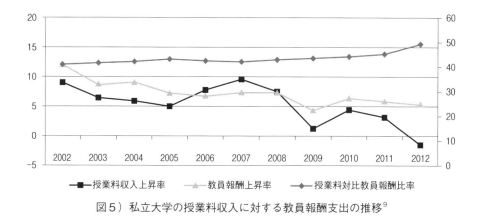

図5）私立大学の授業料収入に対する教員報酬支出の推移[9]

加を招き、またこの固定費用を補うために授業料を上昇させるという負のスパイラルに陥ったのである。

　私立大学授業料の持続的な上昇の要因は、教員給与以外にもあった。2004年以降、政府補助が特別な目的支援事業に基づいて実施されるようになり、過去に比べて政府の経常費支援が大幅に削減されたからである。すなわち、それまでのように定員や大学の規模によってある程度決まった額の補助金が支給されるのではなく、競争的資金に基づく支援事業が増えたからである。

　結局、教員給与という固定費の増加と、大学財政支援方法の変更という二つの背景の下、私立大学は授業料を継続的に上昇させるしかなかったのである。そして、こうした状況は、私立大学が授業料依存をますます強めることにつながった。そうした中、私立大学の授業料が年々上昇することに対し、社会的批判がいよいよ噴出し始めたのである。

2．家計の授業料負担と社会的批判

　1989年の「大学財政の自律化政策」で「私立大学の授業料自律化」が定められて以降、持続的に上昇してきた家計の授業料負担は、1997年の経済危機以降、急速に高まることとなった。経済危機から抜け出した2000年代初頭まで横ばいの状態だった授業料は、2003-2007年の期

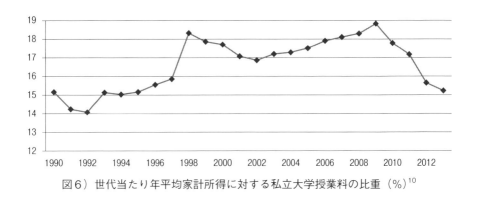

図6）世代当たり年平均家計所得に対する私立大学授業料の比重（％）[10]

間には再び上昇し始めた（図６）。

こうした授業料の上昇は、授業料依存型の大学財政の問題点をあらわにし、社会的批判をもたらした。特に、大学の授業料が年間1000万ウォン（約100万円）に迫った2005-2006年ごろは、授業料をめぐって大学内部で対立と紛糾が激化した[11]。

各政党も、与野党を問わず授業料引き上げ対策の公約を熱心に打ち出し始めた。特に、2006年当時、野党だったハンナラ党（現：自由韓国党）は、「半額授業料」と題して授業料問題を政治問題化した。授業料に関する議論が活発になる中で、盧武鉉政府は私立大学に対する国庫補助金を拡大することで、授業料の引き上げの流れを止めようとした。私立大学会計において、収入に対する授業料と国庫補助金の割合の推移を確認してみよう（図７）。

盧武鉉政府は、2004年以降、産学協力支援補助金のような特別目的支援授業を導入し、授業料に対する私立大学の依存度の低減を試みた[13]。しかし、この政策は、既に1,100万ウォン（約110万円）に近い授業料の負担に苦しんでいた学生、保護者、そして市民を納得させるには不十分だった。

この時、ハンナラ党は「半額授業料」というスローガンを打ち出し、世論の支持を得て、政権獲得に有利に活用しようとしたのである。しか

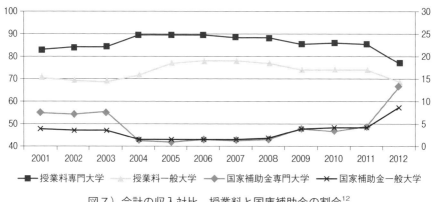

図７）会計の収入対比、授業料と国庫補助金の割合[12]

し、半額授業料を実現することは容易ではなかった。定員が徐々に減っている私立大学の場合、努力して特別目的支援事業の補助金を獲得したとしても、既存の授業料収入の減少のために経営は容易ではなかったからである。

　結局、半額授業料は実現しないまま、この課題は李明博（イ・ミョンバク）政府に引き継がれた。李明博政府は、半額授業料と私立大学の構造調整を高等教育政策の基調に据え、新自由主義的政策に基づく大学構造調整の推進を図ることとなった。

第4節　「半額授業料」と窮地の私立大学

1．市場原理に基づく私立大学構造調整の台頭

　2007年の私立学校法の改正後、李明博政府はその発足以前から、政府の積極的介入と自由競争の原則を通して大学構造調整を推進する意思を明らかにしていた（アン・ミンソク2009, pp. 17-18.）。

　李明博政府は、盧武鉉政府から推進されてきた特別目的事業を中心とする政府の財政支援の基調を継承しながら、定員削減の実現策を打ち出した。また、独自の政策として、大学の情報公示制度を導入するとともに、残余財産の帰属特例の導入を明らかにし、学校法人の解散を促進する政策を打ち出したのである。

　さらに、2008年のリーマンショックの影響で厳しくなった家計の状況を踏まえ、大学授業料の引き上げの抑制と減額により、世論の支持を得ようとした。そして実際、李明博政府は、2009年以降の授業料の引き上げを凍結させた。その結果、大学は緊縮財政の下での経営を余儀なくされ、財政支援をめぐって政府と対立することとなった。

　両者の対立が深まる中、李明博政府は、私立大学の自主的な財源確保を促す「大学の財政依存の構造調整」政策という、より厳しい大学評価に基づいて支援を差別的に実施する方針を明らかにした。

　李明博政府は、授業料の引き上げ凍結については盧武鉉政府の政策方針を継承していたが、大学評価にもとづく財政支援は李明博政府独自の政策であった。このような李明博政府の大学構造調整は、過去の政権と比べると、政府の介入の範囲が拡大されただけではなく、ラジカルな側面が強い政策であった（サムスン経済研究所2010, pp. 11-16.）。

　一方、この時期、李明博政府の大学構造調整政策に少なからず影響を与えたのが大学進学率の持続的な下落である。2003年以降、小幅に上昇してきた大学進学率は2008-2009年の間にピークに達すると、同政権

の任期中は一転して下落し続けた。考えられる背景は、第一に、平均的な生活を営むための最低資格と認識されていた大学卒業資格に対する期待と投資がもはや幻想であることが明らかになったこと(図8参照)、第二に、幼いころから海外に留学する学生が増え、韓国内の大学への進学者自体が減ったこと、第三に、凍結されとは言え依然として高い授業料など、複数の要因が進学率の停滞を招いたと思われる。こうした大学進学率の低下は、過去に大学経営を支えていた高額な授業料収入が見込めなくなること、すなわち、従来の大学財政の基盤が崩壊し始めたことを意味する[14]。

このような状況についてマスコミは、「大学教育の正当性の危機」と報道した[16]。すなわち、これまで持続的に膨張し続け、教育機関の財政基盤となっていた進学者とその家計が縮小することにより、大学教育がこれまでのような価値観ではこれ以上成立しないことを意味していた。さらに、価値を失った大学教育に比べて高い授業料は、その負担感を実際以上に高く感じさせたのである(ソン・ジュンジョン2013, pp. 192-194.)。

また、前述したように、高額な授業料は、李明博政府にとっては、行政的措置を通じることで私立大学の授業料の決定に積極的に介入するきっかけとなった(ハ・ヨンソプ2013, pp. 23-24.)。すなわち、李明博

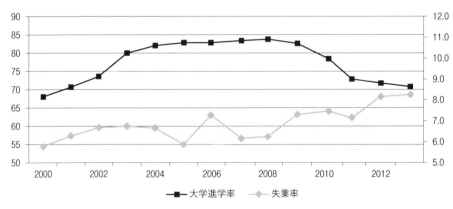

図8)大学進学率と大卒以上の学歴所持者の失業率(20歳―29歳)[15]

政府は大学に対する財政支援事業対象を差別的に選定するに当たって、「授業料引き上げ率」を評価項目に加え、私立大学の授業料の凍結を図った[17]。「半額授業料」という言葉で注目を集めた大学の授業料問題が、単に大学と家計の問題ではなく、政治的利益をめぐる題材として利用されるという、伝統的な大学財政理論通りの結果となったのである（Ansell2010）。

そして、李明博政府は2010年初めに授業料値上げの上限設置の法制化に成功した。しかし、この問題はこれで収束せず、引き続き与野党の政治的葛藤を生じさせる事案であり続け、実際に授業料を負担する学生と保護者からはかけ離れた次元の政治的な論争に移っていったのである。

２．大学の「半額授業料」問題と政治的葛藤

2008年の金融危機と、2009年の春に始まった授業料の問題に対する政治的、社会的な葛藤が深まるにつれ、2009年の終わりには授業料をめぐる施策を改めて見直そうとする動きが顕在化し始めた。具体的には、第一に、「貸与奨学金の就職後返還制度（ICL：Income Contingent Loan）」に代表されるような、福祉的な側面を持つ高等教育財政の拡充である。第二に、ICLとともに導入された授業料引き上げに関する法的制限である。これら二つの制度の導入は、大学の構造調整の推進とも密接な関係があった。

2009年7月30日、教育部はICLの導入案を発表した[18]。当時の主な争点は、低所得層に対する配慮をどのように反映させるかということ[19]、そして制度の施行に伴い必要となる財源をどのように確保するかということだった。この問題を解決するため、第一に、私立大学の授業料に上限を設ける案が、当時与党であった民主党の議員によって積極的に主張された。4人構成の世帯の最低生活費の3倍を超えない範囲で翌年の授業料の基準額を定め、その1.5倍を授業料の上限とする案である。これは、私立大学授業料の実質的な値下げを意味していた。2008年11月に

発議された「高等教育法改正案」に盛り込まれたこの案は、審議過程で教育科学技術委員会のハンナラ党議員らの支持も得て、高額な授業料に対する社会的批判への処方箋として期待された。しかし、授業料の引き下げに対する私立大学の反発と[20]、私立大学に対する公財政支出の拡大を危惧した企画財政部の反発により、同改正は廃案となった。

　第二に、私立大学の授業料そのものではなく、授業料の引き上げ率に上限を設ける案が検討された。すなわち、授業料の引き上げを3年間の平均物価上昇率の1.5倍以内に制限する内容を盛り込んだ改正案が提出された。同改正案は、2010年1月13日に国会を通過した[21]。「授業料の引き上げ上限制」と呼ばれるこの案は、政治的妥協の産物であったと言われている。まず、政府の統制により私大の授業料問題に対する社会的批判をかわそうとする政治的思惑と、授業料の抑制により公財政支出の拡大を懸念する行政当局の危惧が「引上げ率の上限」に落ち着き、妥協案として法制化されたのである。いずれにしろ、2008年の金融危機以降、一時的な行政措置として行われていた大学の授業料の制御が法制化されたという点で、この法案は重要な意味を持つ。

　また、この法案は、1989年以来私立大学に認められてきた授業料に対する裁量が約20年ぶりに政府の管理下に置かれることを意味した。すなわち、民主化とともに拡大してきた1989年以来の定員自律化政策の方針が、2000年以降の積極的な定員削減政策によって修正されることで、高等教育に対する政府の規制強化が危惧されたのである。

　こうして、授業料引き上げ上限制の導入は、評価に基づく私立大学の定員削減を促しつつ、大学への財政支援を選別的に行う構造調整支える要因となったのである。次項では、私立大学に対する政府の財政支援の制限措置と構造調整に関する内容を見てみよう。

3．財政支援の制限措置と構造調整

　李明博政府の発足後の2009年以降、大学の構造調整政策は本格的に推進され始めた（シン・ヒョンソク2012, p.2、バン・サンジン2014,

p. 22)。この時期の構造調整政策は、定員削減の点では、目に見える成果を出すまでには至らなかった。

しかし、2007年まで施策とは異なり、政府は「給付行政」という行政的手段を用いて、大学の財政と運営に対する監督を強化する動きを見せ始めた。これにより、私立大学と政府間の政治的葛藤は激化することとなった。同政権の構造調整政策は、2009年2月の「大学構造改革推進方策」や、5月8日の「大学先進化委員会」の発足とともに示された「不実な経営の大学の退出事業」で具体的な内容が示された[22]。これらの政策の特徴は大学を財務指標と教育指標に基づき評価し、一定の水準に満たない大学を摘発しようとした。すなわち、政府の評価で「不実な経営の大学」と判定した大学について、他大学との合併または学校法人の解散を強制的に実施しようとしたのである[23]。

この政策は、李明博政権が政府の積極的な介入を通して大学の退出と定員削減を推進する意思があることを明らかにした。しかし、主に行政的措置を通じて退出対象の私立大学を選別しようとする政策は、その法的根拠の不備と私立大学側の反発のため、事実上大きく縮小することとなった[24]。そして、2010年1月に初めて開催された国家雇用戦略会議では、就職率が低い大学に対する政府の財政支援を制限することで構造調整を促進する方策が検討された[25]。

さらに、教育科学技術部は2010年8月25日、評価で下位15％に位置すると判定された大学に対して貸与奨学金の利用に制限を設ける方針を発表した。これは、教育の質と財政の健全性を計る評価により大学を「A」「B」「C」の三つのレベルに分け、「C」判定を受けた大学約50校に貸与奨学金の貸し出し限度額に制限を設けることを骨子としていた[26]。この措置の注目すべき点は、大学間の競争と規律の確立のため、学生個々人に対する支援を大学に対する制裁の手段として活用したということであり[27]、これまでのような大学財政支援事業を通した構造調整のやり方とは全く異なっていた。

4．大学の経営危機と財政支援の限界

「半額授業料」を求める社会的世論の後押しもあって法制化された授業料の引き上げ制限策（2010年）は、私立大学の授業料の引き上げ率を物価上昇率以下に抑えることを義務づけた。

しかし、この政策は当然、授業料収入を主な収入源とする私立大学側の強い反発を招いた。特に、前項で述べたように、評価に基づく財政支援を通した大学構造調整策が基本的方針として検討されるようになると、私立大学の反発はさらに強まったのである。政府の財政支援の獲得が容易ではない状況において、授業料の引き上げまで制限されることは、私立大学にとって大学運営のための財源確保が非常に困難な状況に置かれることを意味する。ここでは私立大学の運営における授業料の重要性と、授業料引き上げ制限策によってどの程度大学の収入が減ったかを見てみよう。

図9は、会計年度別の私立大学の収入の増加率と授業料収入の増加率の推移を示したものである。この図において最も目を引くのは、金融危機以降の政府による授業料抑制政策の結果、授業料収入の増加率が急激に低下したことである。2005年以来、9-10％台を維持していた授業料収入の増加率は、2008年以降、急減した。2009年から2011年にかけて

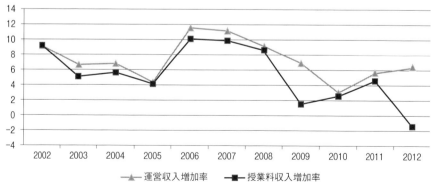

図9）私立大学の運営収入の増加率と授業料収入の推移[28]

授業料収入の増加率が上昇しているのは、金融危機により将来に対する不安が高まる中で大学進学希望者が増えるとともに、大学も授業料の引き上げ制限策の実施前に授業料を大幅に引き上げたためである。その後、2010年に授業料の引き上げ制限策が実行されると、授業料収入は再び急減し、2011年以降は2-5％の水準に留まるようになったのである。

　こうした傾向は、構造調整により政府からの補助金収入の安定性が低下する中、私立大学にとって最も安定的な収入源と考えられていた授業料収入も大幅に減少し、その結果大学全体の収入の増加率が大きく低下することにつながったと思われる。さらに、2005年から2008年にかけては校費会計収入の1-2％程度であった国庫補助金が、2009年以降は増加した。これは、首都圏の大学と地方大学の両方に該当する。地方大学の場合、2004年の財政支援制度の改革後に減少した国庫補助金の支援が2008年以降は再び増えるようになった。その理由は、「選択と集中」による財政支援方針が維持されつつ、学生の福祉支援金という名目で補助金が増加したからである。しかし、こうした国庫補助金の増加は、授業料の引き上げの制限によって生じた私立大学の損失を完全に埋めることはできなかった[29]。

　「選択と集中」の原則に基づく李明博政府の構造調整は、私立大学の組織的な反発（韓国私立大学総長協議会）にぶつかった。そして、前述したように、評価結果の下位15％の大学に対する支援制限の方針が示されると、私立大学の反発はピークに達したのである[30]。ここで注目すべきことは、私立大学側が組織的に反発を強める契機となったのが、貸与奨学金の制限措置であったことである。当時、私立大学の関係者は、貸与型奨学金の制限が実際には大学の構造調整の開始であると捉え、大学の学生募集を困難とする仕掛けであると認識していた。すなわち、授業料負担に苦しむ家庭が多い中、政府は、制限措置を受けた大学への志願者を抑制することで、結果的にそれらの大学の退出に繋がることを図ったのである。

　貸与奨学金制限措置をめぐる政府と私立大学の対立は、既に述べたように、大学の定員削減と関連している。すなわち、政府は、「構造調

整」という政策を前面に打ち出さないことでこの問題をめぐる社会的な論争を避けつつ、授業料の引き上げ上限制度や貸与奨学金制限措置を通じて構造的に私立大学を統制し、定員削減を図ろうとしたのである。

　こうして李明博政府の政策は、大きな社会的論争を伴わないまま、政府と私立大学との間に葛藤を生じさせた。その結果、私立大学は、授業料収入の減少、政府補助金の獲得の困難、そして貸与奨学金の制限措置まで適用される状況に追い込まれた[31]。しかし、私立大学は授業料を引き上げることはできなくても、引き下げることもしなかったため、学生たちの授業料負担は依然として重いままであり、「半額授業料」を求める社会運動は継続したのである。

第5節 「半額授業料」論争と政府主導の構造調整の構図

1．「半額授業料」論争と大学構造調整

　2008年以降続く大学の「半額授業料」をめぐる政治的論争は、2011年初めに新たな局面に入った。2012年の総選挙と大統領選挙において、授業料問題が重要な議題として浮上するという見通しが広がり、与野党は授業料に関連する公約を競って発表した。当時、野党の民主党は2012年1月13日、無償給食や無償医療、無償保育、「半額授業料」から成るいわゆる「3＋1無償福祉政策」を宣言し、「半額授業料」を福祉政策パッケージに含めた党公約として採択した[32]。一方、与党ハンナラ党の代表は「半額授業料」の推進を同年5月22日に発表し、大学授業料の負担軽減策についてより前向きな姿勢を見せた。「半額授業料」に対する与野党の積極的な姿勢は、2011年初頭から活発になった「半額授業料」を求める市民運動の結果であると同時に、運動をより拡大させる契機となった。2011年春に始まった各大学学生会と「韓国大学生連合会」、「全国授業料ネットワーク」などの団体による組織的な授業料引き下げ要求は、大規模な市民運動へと発展していた。2009年に導入された授業料引き上げ上限制は多くの学生を納得させるものではなく、彼らの不満を解消することはできなかった。その結果、大学は教育機関ではなく、授業料収入で利益を生み出す「営利組織」ではないかという社会的批判が高まった。その後、大学の存在意義そのものに対する危機感も高まり、与党も「半額授業料」の推進の方向へ政策を打ち出さざるをえなかったのである。

　2000年代初頭においては主に個々の大学内で生じていた授業料引き下げを要求する学生運動は、2011年以降、学生と市民団体が連携する運動へと発展したのである（チャン・スミョン2011：pp.81-82.）。すなわち、個別の大学の学生会が単に授業料の引き下げを求めるのではな

く、学生の授業料負担を減らすために国家財政の拡充を求める社会運動へと展開したのである[33]。

「半額授業料」運動は、市民団体にも支えられ、当時の与党と野党が公約として具体的な推進方案を打ち出すところにまで発展した。特に野党は、約5兆7千億ウォン規模の国家財政の投入を通じて授業料を大幅に削減する政策を示した[34]。これをきっかけに、民主党と民主労働党などの野党と市民団体のネットワーク、学生の間で一種の連合が形成され、与党ハンナラ党を圧迫した。その結果、ハンナラ党も野党と市民団体の主張を無視することはできず、半額授業料のための独自案を策定せざるをえなかった。そして、国会における半額授業料をめぐる論争は、高等教育財政支援の規模と原則、私立大学のガバナンス、大学の構造調整政策など、より幅広い問題へと拡大したのである。

詳述すると、2011年6月から8月まで国会では、主に民主党をはじめとする野党の高等教育財政交付金法の案と、与党ハンナラ党による私立学校の構造調整支援法案が対立する構図で議論が行われた。大学に対する財政支援の割合を減らそうとしてきた2000年以降の政策方針を踏まえると、野党の高等教育財政交付金法は、政府にとって負担の拡大を意味する政策であった。これに対して与党の私立大学の構造調整支援政策は、評価を通じて優れた大学を集中的に支援して授業料も抑える一方、評価の低い大学の数や定員を減らすことを主張した。何れにせよ、この時期に行われた議論は、授業料引き下げ対策として国家財政支出の規模と授業料支援の方法から出発したが、問題の本質は大学の数と教育の質を保障すると同時に、家計の授業料負担の軽減であった。野党は、教育福祉の拡大が国民の支持を得る機会と捉え、積極的な財政支出の必要性を主張した。一方、財源の確保に困難を抱えていた与党は、大企業への減税策を止めることで財源を確保しようとした。結局、与野党は高等教育財政交付金の部分的な実施と、授業料水準を段階的に既存の半分に減らすことで合意した。

しかし、半額授業料をめぐる与野党の中途半端な合意は、2004年から推進してきた「評価 – 選別的財政支援」の構造を根本的に弱体化させ

る内容を含んでいた。すなわち、定員規模などの基本的指標に基づき財政支援を行う仕組みに戻ることで、経常費支援が復活することを意味していた。選挙において国民の支持を得るため、与野党は半額授業料を実現しようとしたのだが、「評価と選別的支援」による高等教育の質向上政策の基本的方針を曲げる危険性があったのも事実である。実際、財政支援の拡大を目指す与野党の案に対して、教育部の行政官は強く反発した。経営に問題のある大学を延命させるだけでなく、高等教育を受けるのにふさわしくない学力と意欲の学生を簡単に入学させ、結果的に高等教育の質そのものが低下するリスクがあったからである[35]。

　こうした教育部の懸念を踏まえ、与党ハンナラ党は野党が主張する貸与奨学金制度の補完と給付型奨学金の拡充などの案と差別化を図ると同時に、教育部の不満を抑えるために、3兆5千億ウォン規模の投入を通じた大学授業料の引き下げだけでなく、大学の構造調整の必要性を強調した。その具体的な案として、「私立大学の構造の改善の促進及び支援に関する法律案」を提出した[36]。

　しかし、企画財政部と教育部は、与党の交付金による大学支援案に反対し、何よりもまず「不実な経営の大学」の構造調整が先行されるべきであるという見解を強く示した[37]。その後、高等教育財政交付金法と私立学校の構造調整法が競合する形で議論が続いたが、なかなか出口を見つけるまでは至らなかった。そして、学校法人の設立者に対する財産の一部返還を含む法案や半額授業料支援策が国会で棚ざらしにされる中、教育部は構造調整の法的根拠、すなわち、私立大学解散時の財産返還規定などを設ける法改正が行われないまま、行政措置だけで構造調整作業を推進し始めた。教育部は、構造調整機構の拡大再編や基本的な政策路線の決定、構造調整措置のための具体的な評価指標の確定作業などを短期間で進めた。2011年7月1日には、大学の構造調整を担当していた教育部傘下の大学の先進化委員会が大学構造改革委員会に再編され[38]、私立大学の経営診断や実態調査、構造改善計画の審議、国立大の統廃合の審議など、大学の構造調整を統括する組織となった[39]。

　一方、高等教育財政交付金法の制定と授業料引き下げを通じた半額授

業料の実現に焦点を当てていた与野党と市民団体は、構造調整政策の変化に十分な対応策を打ち出すことができなかった。また、私立大学側も半額授業料の議論に目が奪われたため、教育部の行政措置による構造調整に十分対応できなかった。このように、半額授業料をめぐる社会的、政治的議論は、私立大学の構造調整という議論の中でいつのまにかその姿が薄れてしまったのである。結局、半額授業料をめぐる市民運動は、大学構造調整の新たなきっかけを提供することとなったのである。

２．大学の構造調整政策の推進と拡大

①国の奨学金制度の導入と構造調整政策の妥協

　既述のとおり、半額授業料の法案をめぐる議論が膠着状態にある中、政府は国の奨学金制度の導入と大学構造調整を実施した。大統領府と企画財政部との調整を済ませた教育部は、2011年9月8日、授業料の引き下げの代わりに約3兆5千億ウォン規模の給付型奨学金制度を導入する方針を発表した。また、その2日前の9月6日には、大学構造改革委員会が43校の財政支援制限大学の一覧を発表した。同年7月1日に大学構造改革委員会が発足したことを考えると、わずか2カ月という短い期間で構造調整政策の具体的な内容の確定、評価をはじめとする構造調整対象の選定作業が行われたことになる。

　奨学金制度は、3兆5千億ウォンというかなりの規模の国家財政を投入しながらも、全ての大学に一律に分配するのではなく、個々の学生に対する選別的な支援策として設けられた[40]。学生個人を単位としたのは、大学間で学生確保をめぐる競争を促す意図があったからである。すなわち、定員確保をめぐる競争を促すとともに、定員割れする大学は大学構造改革委員会の評価を通して財政支援制限措置の対象に指定し、やがて退出させようとした。

「評価と財政支援」という教育部の意図のもとで実施された奨学金制度は、Ⅰ型とⅡ型に分けられた。学生の所得水準に応じて支給されるⅠ型とは異なり、Ⅱ型は、大学とのマッチングファンド形式で支援するもの

であった。同時に、各大学に対して授業料の引き下げあるいは凍結を奨学金利用の条件とすることで、授業料に関する政府の統制をも可能にしたのである。

②構造調整政策の再編と国家介入の拡大

2011年7月の大学構造改革委員会の発足とともに、大規模な高等教育財政支出と構造調整が展開された。奨学金制度と同時に実施された背景には、教育部が大学に対するコントロールパワーを維持する意図が内包されていた。

定員削減と授業料をコントロールする手段として評価と財政制限を用いることは、2011年以降の構造調整政策の特徴といえる。すなわち、授業料への依存度が非常に高い私立大学財政の最も重要な変数である「入学定員」と「授業料」を、教育部の行政措置でコントロールしようとしたのである。

こうして、1989年に大学の自律化政策が推進されて以来、準則主義に基づいて大学が定員を拡大させ、授業料を引き上げてきた流れがついに終焉を迎えた。半額授業料を求めた市民団体の理念的な基盤となっていた大学の自由化が、いつのまにか行政のコントロールを強めるという皮肉な結果になったのである。結局、半額授業料の市民運動は、「財政

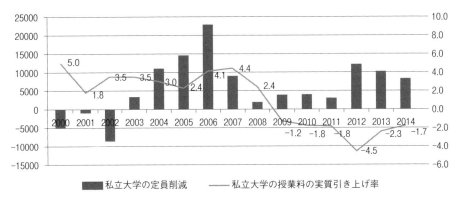

図10）私立大学定員削減と授業料引き上げ率

支援によるコントロール」の原則に基づき、教育部が大学の構造調整を本格的に実施する契機となったのである。

3．大学の財政支援と構造調整の仕組みの定着
①財政支援主導型の構造調整の形成
　授業料引き上げ抑制政策の推進により、私立大学の授業料収入は急激に減少した。さらに、入学定員の削減も私立大学の授業料収入の減少に影響を及ぼし始めた（図11）。しかし、授業料収入のマイナス傾向にもかかわらず、私立大学の全体的な収益の向上率は大きな変動を見せていない。特に、2008年以降、私立大学の授業料収入と収益の因果関係は見られなかった。これは、私立大学が授業料以外の収入源を獲得し始めたことを意味する。実際、私立大学の収益と授業料収入の因果関係の乖離は、収益に比べて国庫補助金の割合が急速に増加している。校費会計において約8.8％を占めるようになった国庫補助金収入が、私立大学の財政構造において大きな比重を持つ収入源となったのである。

　2011年に導入された奨学金制度は、学生個人を媒介に私立大学に対する「補助金」として機能することで、授業料に代わる収入源になった。こうした状況は、全国の大学や2年制の専門大学で共通しており、「選択と集中」の原則に基づいた財政支援が構造調整の実質的な推進方法となった。さらに、私立大学に対する補助金の大幅な増加は、構造調整の推進の際に生じる費用の問題において重要な意味を持つ。すなわち、授業料収入を補助金で賄う私立大学にとっては、構造調整を通して定員削減をすればするほど、国庫補助金の獲得が容易になるからである。これは、私立大学の経営体制が、授業料依存から補助金依存へと代わったことを意味する。

　このように、大学の卒業証書の価値の低下、大学と産業界相互のニーズの乖離、大学定員の過多、授業料に対する社会的不満、という四つの問題を解決するために、給付型奨学金という形で財政支援を通した構造調整政策を打ち出したのである（キム・ジョンヨプ2012, p. 65.）。こ

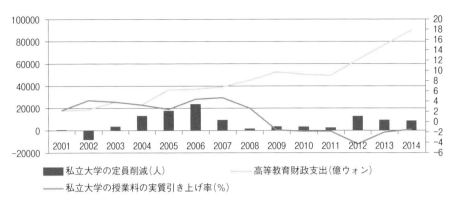

図11) 私立大学の定員削減や授業料引き上げ率、高等教育の財政支出の推移

うした政策は、2012年以降の構造調整政策にも継承された。

②財政支援型の大学構造調整の諸問題

　大学に対する国の財政支援の量的規模が拡大する一方、大学に対する支援の選別的な配分は、大学における教育と研究に対する国の統制強化の懸念を生じさせた。すなわち、教育部が評価基準となる指標を通して大学の教育と研究の方向性を誘導することに対する批判である。このことから示唆されるのは、教育機関の活動の評価は、基本的に極めて政治的なプロセスということである（ソン・ジュンジョン2012）。実際、歴史を振り返ると、2003-2007年の大学構造調整の過程においても政府の介入が同様に重要な役割を果たしていた。これは、授業料の継続的な上昇を抑制するため、評価に連動した財政支援を通して政治的介入を行った初めてのケースであった。もっとも、この時の構造調整は授業料収入が大学経営を支える中で行われたため、この手段はあまり効果をもたらさなかった。

　しかし、2011年以降、国庫補助金による財政支援が構造調整の手段となると、私立大学間の競争が激化し、政府と私立大学間よりは私立大学内部の葛藤が多く発生した。その結果、大学教育や研究に対する政府の介入を懸念する声はあまり聞かれなかったのである。そのためか、評

価と連動した財政支援を軸とする大学構造調整政策は、2012年以降、大きな反発がないまま展開されたのである。

〈注〉
1）チャン・スミョンの分析によると、韓国において大学の序列化と学閥主義が強いという社会的雰囲気にもかかわらず、国立大学と私立大学の授業料の差はそれほど大きくなかった。その結果、ネームバリューが低い大学に進学する確率が高い低所得層の学生も、大学進学を諦めず大学に進学する結果を招いたと言う（チャン・スミョン2011, pp. 73-74.）。
2）2004年以降の定員削減政策は、基本的に産業界のニーズに沿った定員削減とカリキュラム編成の性格が強かった。これは、2004年12月に発表された「競争力強化のための大学構造改革方案」でも継続的な推進が明記されている。この時、政府の政策推進の基本的方向は、「産業界の需要に適した人材の養成構造への転換を促進」と「産業界の需要が乏しい分野の定員削減、学部の統廃合」であり、産業界の需要を反映した高等教育の構造調整の必要性が示された。
3）教育人的資源部（現教育部）のユン・ドクホン長官は、メディアのインタビューを通じて、「全ての大学に支援額を少なくして広く展開するか、伸びる大学に支援の選択と集中をしていくのかと悩んでいる」と話した。このインタビューの後、一般支援事業の廃止が発表され、構造調整案が提示された。当時、盧武鉉政府が示した大学に対する財政支援形態の変化は、韓国の高等教育の歴史において初めて「選択と集中」の枠組みが示された画期的な出来事であった（「ハン・ギョレが会った人－ユン・ドクホン教育副首相」ハン・ギョレ新聞2003年4月1日）。こうした財政支援政策の変化について、政府の財政支援事業を受けた全ての大学を対象に調査が実施された。その結果、政府の財政支援の選択と集中の論理は、単に定員削減を促すだけでなく、大学の序列構図を定着させる問題につながると分析されている。（キム・フンホ2014, pp. 121-143.）
4）「地方私立大の死活は体制作り」（『東亜日報』2004年10月12日）、「授業料収入が減った大学は空腹だ」（『教授新聞』2005年9月9日）
5）2003年5月の「地方大学の総長・学長協議会」の総会で、「地方大学の育成のための教育財政交付法の制定」が正式な案件として議論された。これは、授業料への依存度が高く、学生の確保に困難が続いている地方の私立大学を中心に、政府の公的財政拡大に対する要求が組織化されている様子を確認することができる一つの事例である。「内国税3％を、地方大学の育成補助金として立法させよう」（『教授新聞』2003年05月12日）
6）国会事務処『第17代国会253回2次教育委員会会議録』（2005年4月19日）
7）2003年11月に教育人的資源部は、私立学校法と高等教育法の改正を検討していることを明らかにし、国立大学間の連合大学の設置や私立大学間の合併と経営に問題のある大学の退出などの方向を示した。2004年8月〜12月には、構造調整政策を具体化する過程で、大学の構造調整特別法を立法予告した。2005年2月に、大学の構造調整特別法の政府案を確定するなど具体的な動きを見せたが、最終的には発議されなかった。2006年12月26日にも、行き詰ま

った私立大学の退出を誘導するために設立者に財産の一部返す案が推進されたが、設立者への特別優遇策であるという批判にあい、私立学校法の改正をめぐる議論の中で与党の反対派の抵抗に直面し、結局挫折した。

8) 私立学校法第35条では、学校法人を解散する場合、残余財産は、国は地方自治団体に帰属すると規定されている。また、残余財産の処分は任意に行うことができず、営利法人とは異なり、設立者やメンバーに分配することができないと定められている。そのため、大学の構造調整特別法の試案に含まれている残余財産の一部を設立者に戻すという特例条項は、非営利法人としての学校法人の性格を規定する私立学校法と正面から衝突している。さらに、試案には、私立大学の学校法人の財産権を認める内容を盛り込んでいる。このような特例規定が政治的論争の重要なテーマとなったのである。

9) 私立大学の校費会計の資金計算書を基に作成されたもの（左軸は授業料と教員給与の上昇率、右軸は授業料に対比する教員給与の比率）。私立大学の会計情報システムより引用。

10) 世代当たり年間平均の家計所得は、都市の2人世帯以上基準、統計庁データベースに基づき作成。

11) 2000年代以降に展開された学生たちの授業料引き上げ反対運動は、2006年に私立大学の授業料が年間1,000万ウォンに肉迫すると、さらに激化した。（キム・ファンピョ2012c, pp. 184-185.）興味深いのは、授業の引き上げを阻止する運動に全国の大学の学生会組織だけでなく、市民団体も加わったことである。2006年に全国40余りの大学の学生会からなる「全国大学生の教育対策委員会」が活動を開始する一方、2007年には全国154余りの団体で構成された「授業料の上阻止汎国民連帯」が発足する（キム・ファンピョ2012d, p. 178.）。これらの運動団体のネットワークは、2008年には「半額授業料」の拡散に重要な役割を果たすようになった。

12) 私立大学の校費会計の資金計算書に基づき作成した（左軸の授業料の割合、右軸は国庫補助金の割合）。私立大学の会計情報システムより引用。

13) ユ・ギホン（2013, pp. 21-22.）は、この時期の構造調整支援事業の対象であった私立大学が学生の定員を削減することで、削減した分以上の財政支援を受けることができたと分析している。

14) 大学への期待と投資の終焉は、ジャン・ギョンソプが韓国の家族単位の教育競争慣行を説明した研究によく現れている（ジャン・ギョンソプ2009, pp. 242-264.）。一方、イ・ジュホほか（2013）のように、大学進学率の低下を李明博政権の時期の中等教育政策の成果として解釈する研究者もいる。すなわち、マイスター高校と呼ばれる職業系中等教育への支援と雇用の連携が大学進学需要を代替したことを主張している。しかし、マイスター高校は2010年に21校が開校し、2013年になって初めて卒業生を輩出した。したがって、2008-2009年から始まった進学率の低下を中等教育政策の成果であるとみなすのは難しいと思われる。

15) 韓国教育開発院の教育統計分析資料から作成。

16) 西欧諸国とは異なり、大学教育の受益者負担の原則を維持することで大学システムの膨張を経験した韓国にとって、こうした大学教育に対する信頼の喪失が持つ意味は非常に大きい（キム・ジョンヨプ2009, p. 61）。

17）2008年11月21日、韓東大学校で開催された私立大学総長協議会で、当時の経済状況を勘案し、私立大学の授業料の凍結と引き上げの最小化を検討するという趣旨の宣言が行われた。「主要私立大学、来年の授業料凍結を検討」(『東亜日報』2008年11月22日)
18）2009年7月30日に施行案が発表されたICLは、既存の「政府保証型の貸与型奨学金制度」とは異なり、借り手の経済的能力が生じるまで元利金の返済を先送りすることを骨子とする。既存の制度では融資後すぐに利子を返済しなければならず、最長10年の猶予期間が終了すると、所得の有無にかかわらず、元利金の返還が始まる。そのため、金融危機以降、奨学金を返済できない学生が急速に増加していた。(「学生ローン延滞、半年間で51％増加」、『ハンギョレ新聞』2009年9月23日)
19）7月30日の発表後、より具体的なICL施行案を作成する教育科学技術部と企画財政部の協議の過程で、当初案は後退を重ねた。その結果、基準所得は4人家族の最低生活費にも満たない年額1500万ウォンで、買戻し率も所得の20％と高く決まった。教育部が11月19日に発表した政策案は、低所得層に対する配慮が事実上消えてしまったという批判を受けた。(「残念な学資償還剤、再考再度する必要があり」、『ハンギョレ』2009年11月20日)
20）教育科学技術委員会（国会の常任委員会の1つ）所属のハンナラ党議員たちは、授業料の上限設定案について民主党と合意したが、私立大学側の反発を理由に合意を覆した。その後も、私立大学総長協議会が授業料上限制導入に対する反対声明を発表するなど、私立大学側は態度を硬化し続けた。(「授業料値上げ抑制」の成果にもかかわらず、物価上昇率を上回る負担が続く、『ハンギョレ新聞』2010年1月14日)
21）通過した高等教育法改正案には授業料の引き上げ上限制とともに、各大学に授業料審議委員会（委員に学生も含む）を設置する内容が盛り込まれた。なお、ICL法案も同時に提出された。
22）大学先進化委員会は、教育科学技術部長官の諮問機関に位置付けられていたが、単純な諮問機能だけでなく、大学評価指標の確定や「不実な経営の大学」の選定、経営改善誘導作業なども担っていた。2009年当時、大学先進化委員会は教育界4名、私学関係者3名、関係機関の代表2名、法曹界と産業界、言論界などから選ばれた5名の合計14名で構成されていた。これらの委員の氏名や特徴については、アン・ミンソク（2009, p. 43.）を参照。
23）「不実な経営の大学」としての判定は、財政指標と教育指標に基づいて行われた。財政指標は、在学生充足率、授業料依存率、直近3年連続の営業利益増加の有無、授業料収入に占める教職員人件費の割合などの指標で、教育指標は新入生の充足率、中途退学率、教育費還元率、専任教員確保率、教員1人当たりの人件費、学生就職率などで構成されていた。
24）教育部と大学先進化委員会は、当初、2009年11月に「不実な経営の大学」の一覧を発表する予定だったが、私立大学の反発に遭って延期を余儀なくされ、12月24日にようやく「不実大学」の選定結果を発表した。しかし、「不実な経営の大学」の数はわずか8校に留まっただけでなく、具体的な大学名も公開しなかった。そして、制裁措置もさまざまな行政措置を通じた間接的なものにとどまった。これは、政府が特定の指標の評価に基づいて大学の退出と構造調整を強制的に実施するための法的根拠が不十分だったためである。高等教育法における大学退出の根拠は、通常の大学運営が不可能な場合に限定されているため、評価を通じて退出対

象の大学の名簿を公開することは、憲法上の過剰禁止の原則に反する恐れがあるため留保された。(「退出対象の不実な経営の大学自ら門を閉めるようにせよ」、『東亜日報』2009年12月26日)。
25) 国家雇用戦略会議の全体の活動については、パク・チュンモ(2010)の研究に詳細に記されている。それによると、大学の構造調整は、国家雇用戦略、あるいは失業率管理戦略の一環として推進されているという。この文脈では、大学評価の最も重要な基準として失業率に重点が置かれていることが明らかにされた。つまり、2004年以降、大学と産業の需要の連携を調整する過程で重要な手段として活用された就職率は、大学情報公示制の施行以後、構造調整政策とより緊密に連動して使用されるようになった。
26) 具体的な評価指標は、就職率(20%)、在校生充足率(35%)、専任教員確保率(5%)学務管理(5%)など教育の質に関する4つの指標と、低所得層の学生支援実績や貸出金買戻し率など、財政の健全性の指標で構成されている。注目すべき点は、就職率と在校生充足率という二つの指標の反映率が55%を占めているということである。これは、2004年以降、集計・発表されてきた就職率が定員削減の基準として本格的に活用されるようになったことを示している。在学生充足率の重視は、「定員削減」を明示的に掲げてはいなくても、実質的に定員削減を強制する内容を含んでいることを示している。
27) 2010年の構造調整政策は、2011年半ば以降、さらに拡大、全面化される方向で議論が進められた。そして2014年、現在進行中の構造調整政策の形になった。
28) 『私立大学の会計計算書』(私立大学の会計情報システムより抜粋)
29) 従来、主に首都圏の研究中心大学を優先的に行われてきた財政支援政策が、福祉的施策の形で地方私立大学にも拡大したのは、少なくとも高等教育の福祉的側面の拡大という政策の変化の結果だったと言える。
30) 2010年9月1日、韓国専門大学教育協議会は、教育科学技術部の貸与奨学金制限大学の発表が、奨学金制度の趣旨を損ない、評価指標の客観性と妥当性への懸念を抱くという声明を発表した。そして、翌9月2日には、4年制大学の連合体である韓国大学教育協議会も貸与奨学金制限措置を緩和することを要求する公文書を発表し、教育科学技術部の政策に対する抗議の姿勢を示した。(『専門大学協議会の学生ローン限度制限見直しが必要』「教授新聞」(2010年09月01日):『大教協も学生ローン制限緩和を提案』、「教授新聞」(2010年09月02日))。
31) 2003-2007年と2008-2011年を比べると、権威主義時代の入学定員に対する統制と授業料の制御の対立関係(Trade-off)と実質的に同じ構造を持っている。(パク・シンヨン2005: p. 249.)。これらの類似性は、私立大学の割合が高く、授業料に圧倒的に依存する高等教育システムにおいて、私立大学の財政に関する最も重要な変数である大学定員と授業料を国が一度に統制することが非常に困難であるという事実を示している。
32) 民主党は2010年10月3日の党大会で「普遍的福祉」を綱領として決定した後、無償給食と無償医療、無償保育と「半額授業料」を公約として採択した。しかし、民主党の「半額授業料」に関する内容は、国家奨学金の大幅な拡大と、授業料の上限制度と連動した高等教育財政支援の拡大を骨子としていた。このような公約は、2011年6月以降の民主党の補助金法案と授業料引き下げ案へとつながっていった。

33）半額授業料の政治問題化は、地方の私立専門大の学生の間ではあまり関心が持たれなかった。また、半額授業料をめぐる論争の中で、教育の質と内容、就業問題に関しても議論されなかった。（チョ・ゴボン2011: p. 116.）
34）2011年6月7日、与党ハンナラ党と同様に選別的奨学金の拡大案を主張していた民主党は、党代表が半額授業料を求める市民集会で学生から批判を受けた後、高等教育の財政交付金法の制定と減税撤回による授業料引き下げを主張する立場へ回帰した。「半額授業料の連帯の拡大」（『ハンギョレ新聞』2001年6月8日）。
35）国会事務処『第18代国会第301回4回教育科学技術委員会の議事録』（2011年6月20日）
36）当時、ハンナラ党の指導部は高等教育財政支出の拡大を要求しながら、大学の構造調整法案通過を含むグランドプランを構想していた。これは、2004年以降継続して議論されていた私立大学設立者への財産還元を法制化する内容を含んでいた。「授業料葛藤、このように解決しよう！〈上〉政界、どのような政策があるのか」（『東亜日報』2011年6月10日）
37）特に、大統領府と企画財政部は財政支援に対する反対の立場を強力に表明し、与党と対立した。「減税―半額授業料の与党と政府の会議、葛藤激化」（『東亜日報』2011年7月22日）。
38）教育界4人、私学関係者3人、教育関連機関代表2人、その他法曹界や財界出身者5人で構成されていた大学先進化委員会に対し、大学構造改革委員会は、教育関連機関、4人、法曹界1人、会計専門家2人、産業経済界5人、学界7人から構成された。このように、委員に占める私学関係者の割合が減る一方、経済団体と学界の影響力が以前に比べて増大することとなった。
39）教育部長官の構造調整業務の諮問機関として発足した大学構造改革委員会は、キム・ソンドン議員発議の「私立大学の構造改善促進及び支援に関する法律」が成立した場合、法的審議機構に移行する計画だった。しかし、同法案が最終的に廃案になったため、法的審議機構へ移行できなかったが、その後も法的地位以上の審査と行政機能を実質的に担当しており、同委員会の法的地位と権限の範囲は依然として議論の対象となっている。
40）学生個人を単位として財政支援を行う方式は、アメリカの事例を参考にしたもので、既存のGI法による大学への支援が補助金形式に変わったことが契機となった（ユン・ジョンフィ2014: pp. 20-21.）。

第2章

大学評価と
大学構造調整への圧迫

第2章　大学評価と大学構造調整への圧迫

　近年、18歳人口の減少により、日本の中堅以下の大学では、新入生の確保のために、オープンキャンパスなどのイベントから電車の広告に至るまで自らのイメージを高めるべく必死に取り組んでいる。そうした日本と同様、韓国でも大学の生き残りをかけた競争が激化している。大学の序列化が絶対的な影響力を持っており、優秀な学生を確保することと大学のブランド価値を高めることを実現することなくしては大学構造調整の波の中で生き残ることができない状況である。

　大学間の生き残りをかけた競争は、もはや単純な「競争」を越えて、「戦争」レベルにまで達している。ここまで競争が激化したのは、第1章で確認した政府の大学財政支援方式の変化が主な原因であるが、最近本格化した大学の情報公示制度と自己評価の義務化も内在的要因となっている。具体的に言えば、韓国大学教育協議会が1997年から実施してきた大学総合評価と中央日報による国内の大学ランキング、The Timesと上海交通大学による世界大学ランキング、工学教育認証院の工学教育認証などの評価が該当する。これらの評価は、大学教育の質保証と関連しているため、大学は良い評価結果を得るために、自ら変化しなければならない状況に直面している。

　一方、韓国大学教育協議会も、認証評価制度の導入にあたって、その趣旨を「大学の質的レベルを体系的に評価し、その結果を社会に公表することにより、それに関する社会的認識を得る制度」とした（ガン・フィソン2004）。ただし、同協議会による認証評価は大学評価の重要な指標となったが、評価結果は大学の情報を一般に公開するという意味が強く、評価結果が大学の制裁に直接つながることはないため、今回の大学構造調整政策の一環として推進されている大学評価とは性格が異なる。それにもかかわらず、大学構造調整の評価項目が、大学協議会の評価内

容と類似している部分が多いことを踏まえれば、大学協議会の評価の歴史的な流れで大学構造調整の評価内容を把握することが自然であろう。

　本章では、大学の内情を公開する情報公示制度の導入と大学評価の展開、大学評価と財政支援を連携させた大学構造調整の中身を具体的にみていく。

第1節　大学情報公示と大学評価

1．大学情報公示制度の導入

　大学情報公示とは、「高等教育機関の基本的な運営状況と教育研究環境に関する重要な情報について、情報の閲覧、交付および請求にかかわらず、事前に情報通信網の掲載などの方法で積極的に知らせ、提供すること」を指し（教育科学技術部2008）、特例法に基づきその実施が義務付けられている。特例法の第1条は、大学情報公示制の目的について「教育関連機関（大学）が保有・管理する情報の公開義務と公開に必要な基本的な事項を定め、国民の知る権利を保障し、学術と政策研究を振興するとともに、大学教育への参加と大学教育と行政の効率性と透明性を高める」と明記する。

　また、教育科学技術部は2008年に「大学情報公示制の運営計画案」を発表し、その目的を「大学の重要な情報（就職率、教員確保率、新入生の充足率など）を公開し、大学選択に当たって需要者の知る権利を保障することにより、大学間の競争を通じた質の向上を促進し、持続的に大学の構造調整を加速するためのもの」と定めた。情報公示の目的を端的に言えば、学生、保護者、産業界、政府など需要者の知る権利と選択権を保障することを優先とし、これを通じて大学経営を革新し、大学間の競争による質の改善を通じて高等教育の競争力を高めることとなる。

　大学情報公示制をめぐっては、大学の構造調整の一環として2004年に政府がその導入を発表して以来、政府案や議員立法案をはじめとする多数の法律案が提出されてきた。その後は調整を経て、最終的にイ・ジュホ議員が提案した法案を土台として2007年5月に「教育関連機関の情報公開に関する特別法」が制定、公布された。

　情報公示制度の中核は、特例法第6条と特例法施行令4，5，6条に明記された公示対象情報と公示方法である。それによると、大学が公示し

表1） 高等教育機関の情報公示の範囲、更新回数及びその時期[41]

公示情報項目	公示情報内容	公示機関	公示回数	公示時期
学校規則など、学校運営に関する規定	学校規則及びその他の学校運営に関する各種規定	大学	随時	随時
教育課程編成及び運営に関する事項	成績評価の結果（成績評価の分布）	大学	年1回	4月
学生の選抜方法及び日程に関する事項	募集要項（編入学を含む）	大学	随時	随時
充足率、在学生数など、学生現況に関する事項	入学試験の類型別の選抜結果	大学	年1回	6月
	機会均等選抜結果	大学	年1回	6月
	新入生の充足現況	大学	年1回	8月
	学生充足現況(編入学を含む)	大学	年1回	8月
	在学生の現況	大学	年1回	8月
	外国人学生の現況	大学	年1回	8月
	中途退学者の現況	大学	年1回	8月
	学士学位の専攻深化課程の学生現況	専門大学	年1回	8月
	新入生出身高校の類型別の現況	大学	年1回	6月
卒業後の進学および就職の現況など、学生の進路に関する事項	卒業生現況	大学	年1回	8月
	卒業生の進学の現況	大学	年1回以上	8月、随時
	卒業生の就職の現況	大学	年1回以上	8月、随時
専任教員の現況に関する事項	全体の教員数に対する専任教員の現況	大学	年1回	8月
	専任教員1人あたりの学生数及び専任教員の確保率	大学	年1回	8月
	外国人専任教員の現況	大学	年1回	8月
専任教員の研究成果に関する事項	専任教員の研究実績	大学	年1回	8月
予決算の内訳など、学校及び法人の会計に関する事項	大学会計予決算の現況	国・公立大学	年1回	（予）6月（決）8月
	大学発展基金予決算の現況	国・公立大学	年1回	（予）6月（決）8月

	予決算（財務諸表）の現況	私立大学	年1回	（予）6月 （決）8月
	法人会計予決算の現況	私立大学	年1回	（予）6月 （決）8月
	校費予決算の現況	私立大学	年1回	（予）6月 （決）8月
	積立金の現況	私立大学	年1回	（決）8月
	寄付金の現況	私立大学	年1回	（決）8月
	産学連携（協力）団の会計予決算の現況	大学	年1回	（予）6月 （決）8月
	授業料の現況	大学	年2回	4月、8月
	入学出願料の収入・支出の現況	大学	年1回	8月
授業料及び学生1人あたりの教育費算定根拠に関する事項	授業料の算定根拠	大学	随時	4月、随時
	学生一人当たりの教育費算定根拠	大学	年1回	8月
「高等教育法」第60条から第62条までの是正命令などに関する事項	違反内容及び措置結果	大学	随時	随時
学校発展計画及び特性化計画	学校発展計画及び特性化計画	大学	年1回	10月
教員の研究・学生に対する教育及び産学協力の現況	研究費の需給実績	大学	年1回	8月
	教員の講義担当の現況	大学	年2回	4月、10月
	奨学金の受給現況	大学	年1回	8月
	外国大学との交流現況	大学	年1回	8月
	大学と社会貢献の力量	大学	年1回	4月
	大学の遠隔講座の現況	大学	年1回	6月
	産学連携に取り組む教員の人事及び運営状況	大学	年1回	6月
	産業界出身の専任教員の現況	大学	年1回	6月
	産学連携（協力）団の人材及び組織の現況	大学	年1回	6月
	共同活用の研究措置の運営現況	大学	年1回	6月

	現場中心の実務型教育課程の解説現況	大学	年1回	6月
	技術移転の収入及び契約実績	大学	年1回	6月
	特許出願及び登録実績	大学	年1回	6月
	起業の現況及び起業家育成などの支援状況	大学	年1回	6月
	技術持株会社の運営と現況	大学	年1回	6月
図書館及び研究に関する支援状況	蔵書及び図書館予算の現況	大学	年1回	10月
	大学付属研究所の現況	大学	年1回	8月
その他、教育環境及び学校運営状態に関する事項	定款	私立大学	随時	随時
	学校法人の役員の現況	私立大学	随時	随時
	校地の確保状況	大学	年1回	10月
	校舎施設の確保状況	大学	年1回	10月
	寄宿舎（寮）の現況	大学	年1回	10月
	収益用の基本財産の確保現況	私立大学	年1回	10月
	職員の現況	大学	年1回	8月
	財政支援事業の受注実績	大学	年1回	10月
	「高等教育法」第11条2に基づく大学評価結果	大学	随時	随時
	講師の講義料	大学	年1回	6月
	障害がある学生への支援体制の構築及び運営状況	大学	年1回	8月
	安全管理の現況	大学	年1回	10月

なければならない情報は、学校の規則、定員充足率、就職率、学生の現状、教員の現状、研究実績、予算・決算の内訳など、全部で14の分野62項目にのぼる。大学の長は、これらの情報を、学科・学部別専攻単位、募集単位または学校単位で年1回以上公示することになった。

　上記の表1を内容とする大学の情報開示の目的は、特別法第1条に定められているように、第一は国民の知る権利を保障し、第二は学術政策研究を推進し、第三は大学の教育への参加と教育行政の効率性と透明性を高めることである。しかし、この三つの目的を達成するためには、信頼性の確保が重要となる。公開されている情報の信頼性が担保されてい

ないと、需要者の混乱を招く可能性が高いからである。

　それでは、信頼性が担保された情報開示制度には、どのような効果が期待できるだろうか。まず、大学の教育環境などに関する正確な情報なしに、大学のブランドイメージを基準に大学の選択をしてきた学生や保護者たちは、正確な情報に基づき学校を選択することができるようになる。産業界は、従業員の採用時に、産学協力などについての情報の獲得が可能となり、大学との有機的な連携協力を模索することができる。また、政府は、研究結果をもとに、未来志向的な高等教育政策を樹立し、大学の責務を向上するために多くの助けを得ることができる。情報の提供者であり、情報の活用主体でもある大学は、公開された情報をもとに、大学間の競争を通じて教育環境の改善と教育の質向上のために努力することが期待される（ソン・テジェ2009）。

　それでは、大学の情報公示制度はどのような背景で導入されたのだろうか。これまで韓国国内にキャンパスを置く大学は、韓国大学教育協議会からの評価を7年または6年単位で受けてきた。大学協議会の設立とともに、1982年から始まった大学評価と学問分野別の評価は、急激な大学の量的成長期において大学の自主管理を支える制度として一定の貢献を果たしてきた。しかし、評価内容の妥当性と評価方法、評価結果の信頼性には常に疑問の声が上がっていた。大学協議会の事務総長を務めたイ・ヒョンチョン（2002）も、「これまで、大学の評価を通じて大学の教育環境を改善し、大学の学務部門の構造調整などにおいて教育改革の促進と大学教育の質の向上に努力してきたという点で、大学評価が成功だったという見解が支配的である。しかし、一部の大学からは常に評価の手順と過程、評価項目と基準、評価の信頼性と客観性、評価結果の活用などについて、複数の視点から問題点を指摘する声が上がった」と述べている。大学協議会の実質的な運営のトップの言葉からは、大学協議会の評価をめぐる雑音は消えることがなく、大学の間で不満と葛藤があったことが推察される。

　大学協議会の評価をめぐる葛藤がおさまる気配が見えなかったためか、教育人的資源部（現：教育部）は大学協議会に働きかけ、新たな大

学評価システムを提案した。その新たな大学評価システムこそが、2007年10月の高等教育法改正による「大学の自己評価の義務化」である。改正高等教育法によると、全ての大学は、2009年から2年に1回以上の自己評価を実施することが義務づけられ、評価結果を公示しなければならない。その目的は、大学の設立目的と特性化戦略に基づき、大学の発展のための自己診断と点検を実施し、そのための評価体制を構築することにある。つまり、大学の構成員自らによる大学の活動及び成果の診断、発展方案の策定体制の構築が目指されたのである。さらに詳細な内容として、「高等教育機関の大学の自己評価に関する規則」は、「大学の自己評価」を「大学がその機関の教育・研究、組織・運営、施設・設備など、大学運営全般について総合的に点検・分析・平定すること」と位置付ける（大学の自己評価に関する規則第2条）。

また、大学の自己評価の実施方法として、1）大学の長は、大学の教育環境の改善と教育・研究などの質的向上のために、学則で定めるところに従い、情報公開特例法に基づく情報公示と学校の長が必要だと認める事項について自己評価を実施しなければならない。2）自己評価は、2年ごとに1回以上実施しなければならない。3）自己評価の基準、手続き、方法などの必要な事項は、当該大学の学則に定めることを義務付ける。4）大学の長は、自己評価の企画・運営・調整・管理などのために、独自の評価委員会と、自己評価を担当する組織・人材を設けるべきである。5）大学の長は、大学のホームページなどを通じて自体の評価結果を公示しなければならない、と定めている（同規則第3,4,5条）。

このように、大学協議会の評価に対する不満や葛藤の長期化の過程で生まれた情報公示制は、大学自らによる情報発信を通して信頼性の回復と客観性の確保を目指したのである。

2．大学の自己評価の意義と限界

自己評価は各大学で目的を定めて評価システムを構築しているため、

大学ごとに目的に応じて評価項目、内容、指標が異なっており、評価項目を分類し、把握する必要がある。第一に認証のための自己評価、第二に情報開示のための自己評価、第三に大学の革新と特性化のための自己評価の3つに分類することができる。

第一の類型は、韓国大学教育協議会、中央日報、国際評価などの外部評価機関による評価のために必要な資料を収集する形態である。これは、外部評価を通じて大学教育の質を管理し、社会的責務を果たそうとするもので、大学の現状の正確な評価と適切な情報を提供し、学生、企

表2）大学の自己評価の評価項目[42]

区分	評価項目
情報公示項目	1. 学校の規則など学校運営に関する規定
	2. 教育課程の編成及び運営等に関する事項
	3. 学生の選抜方法と日程に関する事項
	4. 充足率、在学生の数など、学生の現状に関する事項
	5. 卒業後の進学や就職の現状など、学生の進路に関する事項
	6. 専任教員の現況に関する事項
	7. 専任教員の研究成果に関する事項
	8. 予算・決算の内訳などの学校と法人の会計に関する事項
	9. 高等教育法第60条から第62条までの是正命令等に関する事項
	10. 学校の発展計画と特性化計画
	11. 教員の研究、学生のための教育、産学協力
	12. 図書館と研究のための支援状況
	13. その他の教育環境と学校運営状況等に関する事項
大学独自の開発と評価項目	14. 教授・学習、学生支援
	15. 学生の教育と研究の成果実績
	16. 講義評価
	17. 大学の満足度と評判
	18. 学務サービス
	19. 経営目標の策定と実行
	20. 国際化
	21. 地域社会への貢献度
	22. 福祉と文化施設

業などの教育の需要者の知る権利を保障するものである。

　第二の類型は、情報公示項目の質的管理を行うために、評価指標を自ら開発し、それに従って評価を実施するものである。

　第三の類型は、競争力強化と特性化のために、大学の発展計画の一環として自己評価を実施する形態である。この形態の自己評価を実施する大学は、自主性の向上はもちろん、国際競争力の向上、固有性と多様性、特殊性を反映した評価を行う。すなわち、大学評価の最も重要な目的を、教育の質の向上と大学の機能の拡大を通じた人材育成に置いている。実際、この形態の自己評価を実施する大学が最も多い。具体的な評価の項目を整理すると、表２のようになる。

　こうした自己評価は、「情報開示 – 自己評価 – 外部評価 – 評価結果」という体系下で質の保証体制を構築しようとする政策の基本方向に応じて設計されている。これは、従来の大学協議会の評価システムがトップダウンで行われたこと、世界水準の評価システムにはほど遠いという問題意識に依るものである。その結果、大学協議会と教育部は、従来の大学評価を見直し、自己点検に基づく自律的な質の管理システムを設けた。

　しかし、情報公示を前提とした大学の自己評価をめぐる状況は、大学構造調整のための大学評価が始まると事態が一変する。大学の財政支援や退出など、大学の存亡を左右する大学構造調整は自己評価ではなく、教育部による厳密な評価に基づき実施しなければならないからである。次項では、朴勤恵政府の大学構造調整政策の内容とその根拠となる大学評価、その法制化の議論、そして、大学特性化と呼ばれる評価の軸となる概念の特徴を把握していく。

第 2 節　朴槿恵政府の大学構造改革の青写真

1．朴槿恵政府による大学構造調整の推進の背景

　大学経営と出生率は密接な関連がある。出生率が低下すると自然と18歳人口規模が縮小し、大学入学者は少なくなるからである。韓国の出生率は、1970年には4.53人だったが、1980年代半ばに1.66人に低下し、2013年には1.18人と急激に減少している。教育部によると、2013年度の高校卒業者数は約63万人だったが、10年後の2023年には高校卒業者数が40万人に激減すると予測される（図12）。2013年の大学入学定員が約56万人だったことを踏まえると、これから定員削減の努力を始めなければ、高校卒業者全員が大学に進学すると仮定しても、10年後の2023年には大学の定員割れの規模が16万人に達する計算になる。しかも、これは非常に楽観的な見通しであり、高校卒業者の高等教育機関への進学率を考慮すれば、見通しははるかに悪い。2015年度高校卒業者の進学率は70.9％であり、進学率は継続的に減少しているからである（パク・チュンラン2014）。

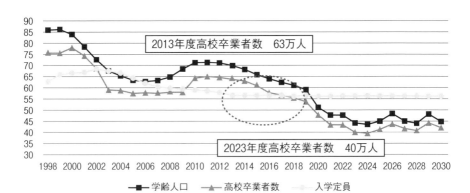

図12）大学入学者数の予想と入学定員の変化の推移（単位：万人）

こうした大学入学者数の急減は、韓国の高等教育全体に影響を与える。まず、地方の４年制大学や２-３年制専門大学、次に大学や大学院の定員確保が難しくなると予想される。大学の定員確保が困難になると、次のような二つの問題が生じると考えられる。
　第一に、大学の質保証が困難となり、結果的に、雇用創出、産業人材育成・供給、地域文化の形成など、大学に求められる役割を果たせなくなる。すなわち、地域の大学が危機的な状況に陥ることは、地域発展と国の経済発展の危機につながることを意味する。第二は、絶滅寸前の恐竜の世界のように、大学が互いに定員確保を巡って争うことで、高等教育市場の生態系が荒廃してしまうことである。
　一部には、18歳人口が急減しても、その「穴埋め」として留学生や社会人を入学させることで、定員確保の問題をある程度解決できると指摘する声もある。しかし、現実的に限界がある。2013年の韓国の大学に入学した外国人留学生は約９万人で、10年前と比べて７倍近く増加しているが、４年制大学と専門大の在学生の中で外国人留学生が占める割合は、2013年基準で約4.2％に過ぎない。端的に言って、18歳人口が急減する部分を外国人留学生や社会人で補完することは無理である。そのため、18歳人口の予想値に合わせた大学の定員削減により、高等教育の生態系を守るための構造調整が必要となる（韓国教育開発院 2015）。
　しかし、定員削減を軸とする大学の構造調整が必要な理由は、18歳人口の減少という理由だけではない。もう一つの要因は、大学の構造調整を求める韓国社会の世論である。2008年から大学の高い授業料が社会問題となり、学生の授業料負担を軽減する措置として「半額授業料」と呼ばれる政策が実施された。もちろん、減額分の授業料は国民の血税によって賄われる。このような状況において、教育の質が低く、経営が不健全な大学の延命に国民の血税が充てられることに反発する世論が形成されている。翻って、競争力に劣る大学の経営改善を誘導しながら、大学全体の教育水準の改善を図る制度的基盤の整備が求められている。
　こうして教育部は、高等教育市場の生態系を守るという政策理念のも

と、大学の量的規模を大幅に削減しながら、教育の質を高めて大学の競争力を向上させる構造調整案を打ち出すに至ったのである。

2．高等教育総合発展方案

　大学の退出までも視野に入れたラジカルな大学構造調整政策は、いつ、その方向性が示されたのだろうか。それは2014年10月に遡る。当時、朴槿恵政府は、2013年下半期の構造調整の必要性と具体的な推進方策について、産業・経済界や各省庁の関係者を交えて政策研究を行いつつ、40回以上の意見交換を行った。その成果が、大学の構造調整と評価システムの基本的な方向を設定した「高等教育総合発展方案」である。この方案の趣旨は、従来の機関認証評価のように、大学設置・運営の最低基準を確認するという画一的な定量評価を克服すること、そして大学の実態と可能性を把握可能な大学の評価システムを構築し、学習者の視点から教育や研究の質において大学の発展を促すことである。「高等教育総合発展方案」の要旨は、次のように整理される。

　第一に、「高等教育総合発展方案」は、政府主導の大学の構造調整を前提としている。朴槿恵政府が政府の主導性を前面に打ち出したのは、大学が定員確保のために「学力」水準に満たない学生を安易に受け入れ、結果的に高等教育水準の低下を招くことを憂慮したからである。さらに、大学自らによる構造調整は不可能だと判断したのも理由の１つである。

　第二は、大学評価方法の改善である。既存の認証評価という「手ぬるい」評価ではなく、大学教育の質と高等教育全体の発展のために水準の高い評価を実施することが目指される。

　第三は、大学に対する補助金を定員ベースで給付するのではなく、評価に基づく研究事業費ベースで給付することで、低評価を受けた大学の学校法人の解散やそれに伴う帰属財産の返還、学生の他大学への編転入や教職員の処遇など、大学の退出経路の具体的な方法を示した。

　朴槿恵政府は、上記の三つの内容を軸とする「高等教育総合発展方

案」を策定し、大学構造調整に向けて動き出した。まずは、補助金の給付方法の変更など、現状の枠組みでも可能な政策に着手する一方、評価に基づき大学の退出を誘導するために必要な法的根拠の整備に向けて動き始めたのである。

第3節　大学構造調整政策の推進形態

1.「大学評価と構造調整に関する法律（仮称）」の検討

　大学の構造調整政策を展開するために必要不可欠なのが、法的根拠の整備である。その理由は、評価結果に応じた定員削減や、大学の円滑な退出経路を用意するためには法的根拠が必要だからである。

　朴槿恵政府は、関係省庁との協議を通じてキム・ヒジョン議員に議員立法として「大学評価と構造調整に関する法律案」を発議させた。同法律案では、構造調整委員会と評価委員会の構成や運営、大学評価と構造調整措置に関する事項のほか、大学間の統廃合、定員削減による財産及び会計特例、法人解散と残余財産の帰属特例、生涯教育機関へ出捐・機能転換など、大学の自発的な退出経路が設けられた。また、大学の閉鎖に伴い発生する在学生の保護に関する事項も含まれている。そして、大学の構造調整政策が今後10年間の18歳人口の急減に備えるためであることを勘案し、同法を2025年12月31日までの時限立法として適用するようにした。

　この法案では、争点になっていることが二つあった（大韓民国国会 2015）。第一に、閉鎖される大学の帰属財産を学校法人へ返還する割合をどの程度にするかであった。韓国の国民感情として、大学の経営に不正がある学校法人の理事長に法人財産を返還することは納得いかないためである。

　第二は、教職員の身分保障の問題であった。小中高の教職員とは異なり、大学の教職員は学校法人の解散後の身分保障がない。彼らに対する再就職の斡旋や退職金の支給など、整理解雇時に必要な事項について法的根拠を整えることに関し、与野党の話し合いが行われた。しかし、大学の教職員も、一般のサラリーマンと同じように、組織がなくなれば解雇されるのが当然とする世論も強く、身分保障を特別に求めることはお

かしいという声が上がった。

　このような争点を踏まえて当時与党であったセヌリ党は同法案を修正・補完し、2015年10月国会に提出することを計画したが、結局、朴槿惠大統領の弾劾裁判をはじめとする国政の困難の中、国会の会期終了に伴い廃棄された。その後、キム・ソンドン議員をはじめとする何人かの議員の大学構造調整と関連する法案が出されたが、審議されることなくこちらも期限切れにより廃棄された。そして、2018年9月時点では、チョ・スンレ議員によって発議された「私立学校法の改正案」が大学構造調整と関連する法案として国会に審議をまっている。その内容は、大学構造調整に伴う大学評価結果によって財政的支援を得られずに廃校する大学が増加する中、それに伴う学校法人清算時に生じる記録物管理などの法的根拠が不明確である問題の改善を図ることに焦点が置かれている。さらに、構造改革政策に対する理解度と実行能力が高く、廃校する大学の管理と支援を行う上で専門知識を持っている韓国私学振興財団（日本の私立学校振興・共済事業団に当たる）を解散される学校法人の清算人として、学籍簿を含むすべての書類の移管と保管を担当する専門機関として指定する法的根拠となる私立学校法の改正案が出されている[43]。

２．大学評価と定員削減

　今もその骨格は変わっていない教育部の大学構造調整政策のスキームをみると、2023年度までに大学入学定員16万人を削減する計画である。朴槿惠政府から文在寅政府まで一貫している大学構造調整政策の軸は下記のとおりである。

　構造調整期間（2014〜2022年）を3周期に分けて、周期ごとに全ての大学を評価し、その結果に基づいて大学別の定員削減を差等的に実施するよう定められている。大学と2-3年制専門大学では設立目的や評価基準が異なるため、1周期（2014〜2016年）では現在の定員の割合（63：37）を勘案し、大学と専門学校を区分して定員削減（大学25,300

表３）大学評価の推進時期と定員削減目標

評価周期	1周期（2014-16）	2周期（2017-19）	3周期（2020-22）
定員削減目標	4万人	5万人	7万人
定員削減の時期	2015-17学年度	2018-20学年度	2021-23学年度

人、短大14,700人）する（パク・チュンラン2014）。

　評価に基づく差等的な定員削減を骨子とする基本計画であるが、一部には例外がある。2014年以降、大学が自発的に定員を削減する場合は、次の周期の構造調整評価の際に、自発的な定員削減の成果を評価に反映させるという。また、定員削減計画は、産業界の労働人口の需要を考慮し、産業通商資源部や雇用労働部など、関連省庁と連携・協議を通じて最終的に調整するものとしている。

3．大学評価と差等的財政支援

　構造調整評価による定員削減のほか、今後、大学を対象とする全ての政府補助金事業には、各大学の構造調整計画や実績を反映することで、定員削減を自発的に行った大学への財政支援を拡大していく方針が明らかにされた。日本の補助金制度とは異なり、今回の韓国の補助金制度は定員を基準とするものではなく、構造調整の実績に基づいて実施されるものである。したがって、たとえ定員を削減しても、大学経営上の補助金を以前より多く獲得できる場合がある。ただし、統一された尺度で大学を評価すると、地方と首都圏、学部教育中心の大学と大学院研究中心の大学の間で評価結果が偏ってしまうため、大学の環境と特色を踏まえた相対的評価尺度で評価が行われる。具体的には、表４のように整理できる。

　大学現場では、定員ベースではなく研究教育事業ベースで補助金が支給される上記のような財政支援事業に不満があったのも事実である。しかし、補助金の給付方法は行政の一環として教育部が判断するものであり、財政支援事業は大学の研究・教育事業や構造調整の結果に基づき実

表 4) 政府の財政支援事業の区分

事業	予算（億ウォン）	期間（年）	支援規模（校）
地方大学の特性化事業（CK-1）	2,031	2014-18	70校程度
首都圏大学の特性化事業（CK-2）	546	2014-18	30校程度
特性化された専門大学育成事業	2,696	2014-18	78校程度
学部教育の先頭大学育成事業（ACE）	573	2010-	26校程度

施されている。次項では、この補助金の支給レベルを決めるにあたって根拠となる大学の評価システムについて詳しくみてみる。

4．大学構造調整と大学評価方法

　大学構造調整にあたって教育部は、財政支援と定員削減の比率を決める基準を設けるため、評価を実施するということは既に言及した通りである。今回の評価は、まず、既存の大学協議会の機関認証評価が大学としての最低基準をクリアすることに焦点が当てられるとともに、特性化と教育の質の向上のために新たな評価方法が導入されることが明らかにされた。その評価方法の特徴は、全ての大学を対象に、定量評価と定性評価を実施することにある。これまでの定量評価だけでは、大学の規模や地理的な条件が考慮されておらず、数値だけで教育の質と成果が十分評価されていなかったことを踏まえ、定性評価が実施されることになった。これにより、地方の小さな大学でも水準の高い教育を提供したり、特色ある教育や研究を実施したりしていることを評価し、財政支援を拡大しようとしたのである。

　しかし、構造調整のための大学評価は、評価だけで終わるのではなく、評価結果に基づき制限措置が行われることに核心がある。すなわち、評価結果に基づいて5段階に分類し、最優秀のA評価を受けた大学を除く全ての大学に差等的に定員削減の措置が実施される。さらに、評価レベル別に政府の財政支援事業への参加の制限、国の奨学金の選抜制限、学生ローンの制限などを実施する。そして、2回連続で「非常に不

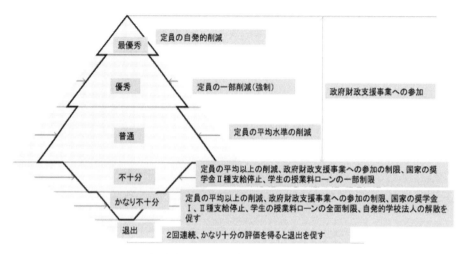

図13）定員削減および財政支援の制限措置

十分」というE評価を受けた場合、退出措置が実施される。したがって、全ての制限措置が大学の存続を左右する制約になりうるのである（教育部2015）。

　定員ベースではなく教育研究の事業ベースで財政支援を受ける大学にとっては、財政支援事業への参加の制限は補助金の削減を意味する。また、評価結果が低い大学に入学すると、奨学金やローンを申請できないため、学生たちはこれらの大学を受験しなくなる。その結果、そうした大学は経営危機に直面することが予想されるのである。そのため、多くの大学は、政府が構造調整を実施する前から、A（最優秀）またはB（優秀）の評価を得るために、自発的な改革を行った。これは、政府が構造調整政策を策定する段階である程度期待していたことであったが、結果的に期待以上の成果がみられたのである。次項では、大学自らが取り組んだ大学評価への準備の様子や、内部の葛藤などの状況をみてみる。

5．大学評価への対処と自主的構造調整

　18歳人口の減少によって、定員割れが急激に拡大することで、大学の倒産が多発し、高等教育市場の生態系が崩壊するという理由のほか、もう一つ大学構造調整の必要性を主張する理由としてあげられるのは、知識基盤社会における国家競争力を獲得するために重要な要素である人的資源の質の確保である。すなわち、グローバル競争が激化し、第4次産業革命の時代に活躍可能な人的資源の養成は、大学の重要な役割である。そのような人的資源を生み出すためには、従来の大学教育の姿ではなく、構造調整を通じた改革が必要である。そこには、デパートのようにあらゆる学科を設けたり、スポーツ特技を生かしたAOのような入試形態で募集可能な社会体育学科を作ったり、韓流ブームを利用し音楽や演技に興味のある学生を集める目的で芸術学科を設けたりするなど、定員充足率を上げることにしか興味がない大学が増えたことに対する危機感がある。

　教育部は、こうした学科の設置・運営を見直すとともに、不要な学科と学部を減らし、時代の変化と産業界のニーズに沿った学部学科を設置する目的を掲げたのである。その結果、前述のように、朴槿恵政府は大学の定員削減計画と評価指標を整備し、それに基づいた大学の自発的な構造調整を誘導しはじめたのである。その過程で教育部が最も理想とする自発的構造調整の形態は、大学間の統合であった。

　実は、18歳人口の急激な減少に直面する前から、生き残りをかけた大学間の統合をめぐる議論は絶えなかった。最近、国立大学である慶尚（キョンサン）大学と慶南（キョンナム）科学技術大学、昌原（チャンウォン）大学の統合の議論が始まったことが話題になっている。しかし、統合の必要性は認識されているとはいえ、乗り越えるべき課題が多いため、統合に至るケースは少なかった。例えば、大学の経営者同士で統合が合意しても、教員の業績評価、学科統廃合、統合後の学校の名称、雇用の継続の問題などデリケートな事案が多く、これらを協議すると交渉が決裂するケースが多かったからである。それにもかかわらず、

2018年から大学定員が高校卒業者数より多くなる逆転現象が本格化し、政府の大学構造調整政策が実施されると、大学は生存のために戦わざるを得なくなった。すると、大学間の統合という険しい道を知りながらも、止むを得ず統合に踏み切るしかないと考える大学も増えたのである。数年前から話題になっている仁荷（インハ）大学と韓国航空大学間の統合の話が絶えないのも、そうした理由である。仁荷大学の立場からすると、統合は航空事業を担う人材養成を目指す建学理念を実現させるとともに、ソウルに進出するための橋頭堡を確保できるという点で重要だった。一方、軍事施設にキャンパスを置いている韓国航空大学にとっても、キャンパスの拡張のために統合は興味深い提案だったのである。しかし、大学規模の点から、事実上、吸収統合される可能性が高い韓国航空大学には、統合に対する心情的な拒否反応があるのも事実である。

　このように大学間の統合は、目的の共有、教育の質的水準や大学運営の効率性の向上など、既存の水準をより高めると同時に、大学の未来像を描くのに大きな役割を果たすことが可能である。特に、政府の大学構造調整が量的縮小に力を入れている理由も、この統合の実現を視野に入れているからである。具体的には、次のように説明できる。

　韓国の地方の大学の多くは、定員割れに直面している。その理由は、大学に内在されている問題もあるが、たとえ浪人してでも首都圏の人気学科や名門大学に入ろうとする現象が続いているからである。これに伴い地方の大学は、教職員が学生募集のために「営業」に出かけたり、広告を出したりしているが、それでも入学定員を確保することが困難な状況が続いている。大学が自ら学校法人を解散することなく、こうした状況を克服する唯一の道は、大学間の統合を通じて定員を削減することで入学定員を確保し、教職員が学生募集に全ての力を注ぐ代わりに、教育と研究の質を確保することであると教育部は主張している。

　しかし、教育部が口先でしか介入できない理由は、大学間の統合は大学が自律的な議論の末、行われるべき問題であるからだ。教育部が強く圧力をかけて大学間の統合が行われたケースがないのも、葛藤と対立によって正常な大学運営と教育研究の実施が困難な前例があったからであ

る。代表的な例としては、釜山大学、江原大学、京機大学、徳成女子大学などがある。これらの大学は、大学の統廃合及び構造調整が大学構成員の同意なく進められ、学生の学習権の侵害、教授の教権の侵害という批判を受けるとともに、学生のデモにより大学内の葛藤が深刻な事態に直面したという後遺症を経験したのである。

　しかし、近年、大学間の統合を実施した大学（表5参照）の中には、2012年統合した嘉泉（カチョン）大学のように、成功的な事例として大学構造調整の評価でA（最優秀）評価を得た大学もある。嘉泉大学の特徴については第3章で詳しく言及するが、いずれにしろ大学が18歳人口の減少時代を乗り越えて生き乗るためには、互いに力を合わせる道しかないように思われる。

　大学の統合という目的を実現するため前段階として教育部は、大学が同じような学部学科を構成するのではなく、特色ある学部学科を設置し、教育研究を推進させた。その狙いは、統合の際に相手の大学にとって魅力的な相手になるための環境整備である。すなわち、大学の構造調

表5）大学間の統合の現況[44]

統合時期	大学名		統廃合
	現在の大学名	統合前の大学名	
2009-	又松（ウソン）大学	又松大学（産業） 又松工業大学（専門）	産業＋専門→一般
2012-	嘉泉（カチョン）大学	嘉泉医科大学（一般） 曘園（キョンウォン）大学（一般）	一般＋一般→一般
2012-	済州（チェジュ）国際大学	耽羅（タンラ）大学（一般） 済州産業情報大学（専門）	一般＋専門→一般
2012-	韓国交通大学	済州大学（一般） 韓国鉄道大学（専門）	一般＋専門→一般
2014-	信韓（シンハン）大学	信興（シンフン）大学（専門） 韓北（ハンブク）大学（一般）	専門＋一般→一般
2014-	カトリック関東（カントン）大学	仁川カトリック大学（一般） 関東大学（一般）	一般＋一般→一般

表注：「産業」は産業大学、「専門」は専門大学、「一般」は一般大学をそれぞれ指す。

整の過程で、特色ある教育と研究の内容を実施する大学づくりを目指したのである。その結果、評価への対応を急ぐ大学は、大学間の統合がいずれ自らの終着点であることをあまり自覚しないまま、大学の特性化（特色ある大学づくり）に全力を注いでいる。

第4節　大学構造調整の1周期評価の成果と課題

　教育部は、大学構造調整政策の第1周期の結果を踏まえ、大学構造調整政策の成果として、以下の三つのポイントを挙げている。

　第一に、今回の評価は、各大学に変化のための努力を促したという点である。教育部の担当者は、定員削減を目指した今回の大学評価が、大学の変化の引き金となったという点に注目している。そして、2周期の大学評価では、今回の結果を踏まえて、大学がより自律的に変化に取り組めるようにする計画だと明らかにした。すなわち、学内の利害関係を超え、大学自らが新しい生存の道を見つけるためには、変化に積極的に取り組むしかないという合意形成がなされたことが成果として挙げられたのである。

　第二に、各大学が将来の危機感を共有したことである。人的資源の減少、産業構造の変化、成長可能性の鈍化などの問題を克服するために、大学の特性化を図る必要性が痛感された。

　第三に、定員削減の目標を超過して達成したことである。1周期の定員削減目標は4万人であったが、実際にはそれを上回る4万4千人の削減が達成された。これは、教育部の財政支援の制限措置が功を奏したと言える。

　しかし一方で、課題も明らかになった。第一に、変化に取り組む大学の努力が一時的なものではなく、長期的な革新につながるように誘導しなければならないということである。第二に、大学の特性化を推進する中で、大学が長期的なビジョンを持って事業に集中的に投資して推進できるようにすることである。第三に、1周期の定員削減の成果は満足できる結果であったが、2周期は定員削減を機械的に推進するのではなく、質の改善を図りながら推進しなければならないということである。

　こうした課題が指摘される中、2周期の大学構造調整はどのように行われるのだろうか。教育部が示した内容を見ると、第一に、大学特性化の推進にあたって所在地域や大学規模などを考慮して推進することを明

らかにしている。第二に、大学構造調整評価を韓国大学教育協議会が推進してきた機関認証評価と連携、あるいは統合する方向性を示している。実際、これについては大学と大学教育協議会の双方から強く要求されており、教育部としても評価指標の設計などの関連費用を削減することができるため、統合に積極的である。

第三に、評価を受ける大学により長い準備期間を確保することである。1周期の場合、評価指標などの公表が遅れたために、一部の大学が不利な状況に置かれた。2周期では、少なくとも1年前に公表することが検討されている。評価スケジュールを整理すると、図14のようになる。

第四に、大学構造調整の法律の制定である。前回の国会では、法律案が係留されている状態で閉会し、法案は廃棄された。その後、大統領弾劾とチェ・スンシルゲートなどで国政が麻痺したため、キム・ソンドン議員提出の法律案は審議されるまでに至っていない。キム・ソンドン議員の法案は、先のキム・ヒジョン議員の法案が退出大学の残余財産を法人に返す案であったのに対し、退出する大学の残余財産の返還を禁じる一方、定員削減により発生する遊休教育財産を収益用財産として活用することを可能にしている点で明確に異なる。

第五に、大学構造調整の重要な要素である様々な財政支援事業をよりシンプルかつ明確にして、大学の申請作業を容易にすることである。そ

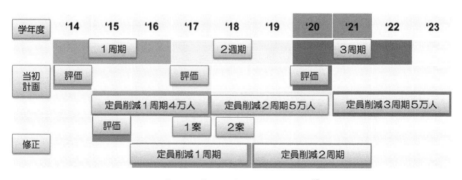

図14） 2周期の評価スケジュール[45]

れにより、大学は特性化のための作業により時間をかけることができる。政府にとっても、管理監督の側面で望ましい改善点である。

　第六に、1周期で批判の多かった定性評価の方法について、現場訪問による評価を拡大することである。それにより、地方の中小大学の評価がより適切になる。

　こうした点から見ると、大学構造調整は、大学というまるで巨大な象を踊らせるような効果をもたらしたといえる。大学は、長年の間、変化に最も消極的だった組織かもしれない。なぜなら、政府からの財政支援と、入学者数が定員を上回ることが当たり前と思っていたからである。しかし、今、大学は、自ら変化しなければならない時を迎えたのであ

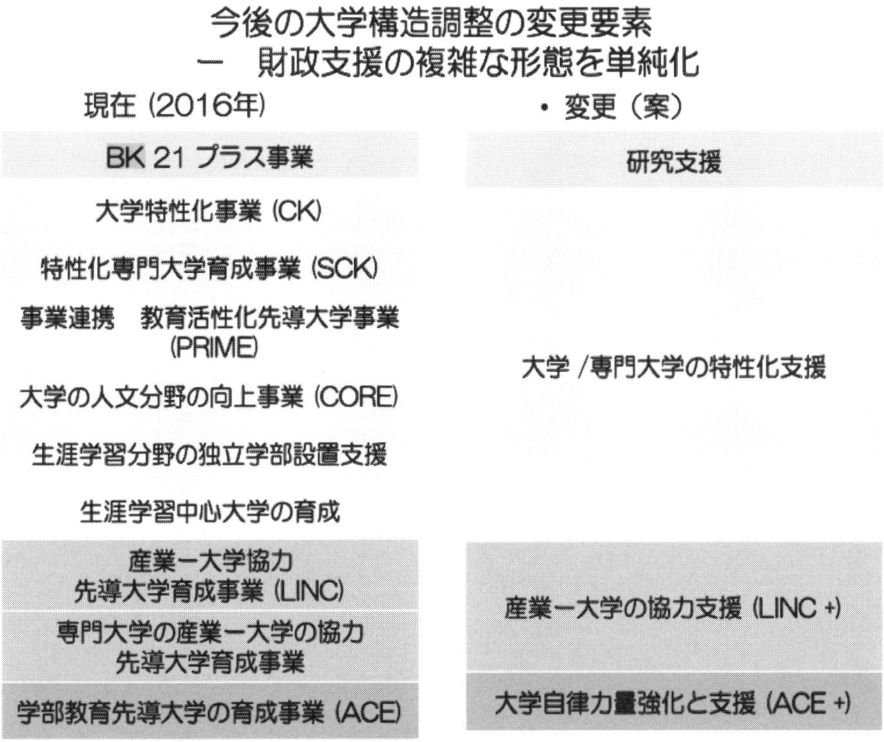

今後の大学構造調整の変更要素
－ 財政支援の複雑な形態を単純化

現在（2016年）	・変更（案）
BK 21 プラス事業	研究支援
大学特性化事業（CK）	大学／専門大学の特性化支援
特性化専門大学育成事業（SCK）	
事業連携　教育活性化先導大学事業（PRIME）	
大学の人文分野の向上事業（CORE）	
生涯学習分野の独立学部設置支援	
生涯学習中心大学の育成	
産業ー大学協力先導大学育成事業（LINC）	産業ー大学の協力支援（LINC +）
専門大学の産業ー大学の協力先導大学育成事業	
学部教育先導大学の育成事業（ACE）	大学自律力量強化と支援（ACE +）

図15）大学の構造調整の財政支援事業形態の変化[46]

る。もちろん、政府の強い圧力や、アメ（財政支援）で構造調整を誘導することが大学の品格を貶めているという批判もある。それにもかかわらず、大学は、外部からの強制性に関わらず、変化しなければならない。大学構造調整の２周期の結果が判明するのはまだ先のことだが、大学の間ではすでに特性化の方向性の模索が始まっており、自らの生きる道を探すのに必死の状況である。次節では、大学構造調整の評価軸である「大学の特性化」とは何かを具体的に検討する。

第5節　大学構造調整と大学特性化の展開

1．大学特性化の評価軸の導入背景

　韓国の高等教育政策において大学特性化は、大学の発展戦略に適合し、比較的優位にある学問分野に集中的に投資を行い、大学の競争力を強化することを目標としている。教育部は、デパートのようにあらゆる学科を網羅的に設置し・運営することや、人材に対する産業界のニーズとミスマッチを起こしていることなど、現在の大学教育が抱えている問題点を改善させるために、大学の特性化を推進している。

　歴史を遡って見ると、韓国の大学特性化に関する議論は1970年代から始まった。最初の特性化事業と言われている地方大学特性化事業は、財政の集中的投資と大学間の役割分担を通じて地方の大学の発展を誘導することを目的に1974年から始まった。この時期の大学特性化は、経済成長に必要な人材養成を目的として推進されたのである[47]。

　大学特性化政策は、1990年半ばから本格化した。1995年に発表された「5.31.教育改革案」は、大学の多様化と特性化を高等教育の新しい方向として示した。1996年には、定員の自由化及び大学設立の準則主義の導入により、大学定員の量的拡大に伴う質的水準を再考するために、大学別、学問分野別の特性化事業が推進されたのである。2000年代に入ると、政府の特性化事業は大学の構造改革に焦点をあて、大学の財政支援事業と連携して推進されてきた[48]。2014年からは、地域社会の需要と特性を考慮し、強い分野の育成及び大学の体質の改善が目標とされた。同時に、競争力の強化を通じた地方大学の育成と、18歳人口の減少にも対処しようとしたのである。

　このような歴史的流れを踏まえた上で、大学特性化の内容を事業別に区分すると、表6のとおりである。地方大学を対象とするCK-1と、首都圏大学を対象とするCK-2から構成される大学の特性化事業（CK）

は、学部教育の充実化及び多様な学問分野の活性化を通じて創造的能力を備えた人材を育成することを目的としていた。また同時に、学務システムの改革も視野に入れていたのである。その推進方法として、政府が特性化の哲学や目標、方向性などを示す一方（Top-down）、特性化分野の推進計画そのものは大学自らが決める（Bottom-up）という両側面から展開された。また、政府は、特性化事業を通じて地域産業と地方大学との連携を通じた新しい付加価値及び雇用の創造、地方大学の独自の価値をいかした学問分野の育成を通じて首都圏大学に対する競争力の確保、人文学支援のための財政支援を行いながら、定員削減など大学の体質を改善することを意図していた[49]。

但し、大学特性化の基本的な方向を見てみると、推進戦略においてCK-1は地域社会及び企業との連携を強調することに重点を置き、CK-2とは異なる性格を持っている。それだけでなく、事業類型を見てみる

表6）大学（4年制一般）の特性化事業の類型

区分	大学の自発的に推進する分野	国家支援の分野	地域戦略分野（CK-1のみ該当）
内容	全ての学問分野に対して自発的に取り組む特性化の分野を支援	人文、社会、自然、芸術、体育系列及び国際化の分野支援。学問間の均衡発展及び高等教育の国際化を考慮する。	地域産業と連携し、特性化の分野支援。地域社会の付加価値の創造を考慮する。
構成	大・中・小各規模の事業団を構成。事業団の数や支援の範囲について、大学が自発的に選択	大学の規模別に2-4個の事業団の支援可能。支援対象別の制限範囲内で自発的に支援。国際化分野は大学別に一つのみ申請可能。また、大学院の連携と参加を許容する。	大学別に一つの事業団だけ申請可能。他大学間のネットワーク（主管大学、協力大学）の申請可能。大学院の連携と参加を許容。
事業費	大規模事業団：20億ウォン以上 中規模事業団：10-20億ウォン 小規模事業団：10億ウォン未満	人文、社会、自然、芸術、体育の最大の3億ウォン 国際化最大の10億ウォン	事業団の支援金額20億ウォン ネットワーク型26億ウォン

と、大学の特性化はかなり複雑な形で形成されていることがわかる。

　韓国の大学特性化の事業を成功させるためにはどうすればいいだろうか。その方法は、集中化と差別化に帰結される。集中化とは、大学が自発的に特性化分野を選定し、集中的に育成することを意味する。つまり、特定の学問分野または産業界から要求される人材を育成するために、学問の領域を設定して資源を集中的に投資し、大学の競争力を高めることである。差別化とは、全ての学生が持つべき基本的素養と能力を形成する中で、大学の理念に基づき他の大学と差別化された人材を育成することを意味する。こうした集中化と差別化を図ることが自然に大学の特性化につながるのである。

　しかし、大学の特性化は容易ではなく、多くの大学が似たような特性化事業に取り組んでいる。その原因と韓国の大学の特性化の現状を次項で詳しく見てみよう。

２．特性化に走る韓国の大学

　2008年の米国発の金融危機以降、長期にわたる不況による若者の失業が深刻な社会問題となった。企業が即戦力を確保するために中途採用者を増やす一方、新卒採用の減少と学歴のミスマッチによって若者の失業は増加したのである。実際、2016年の統計庁「４月の雇用動向」によると、若者の失業率（15歳-29歳）は10.9％で、若者失業率の過去最高値を記録し、25-29歳の失業率も前年比に比べると約0.5％ポイント増加した。また、大卒学歴以上の失業者は2012年から４年連続で増加傾向を示しており、2002年（3.7％）以来、13年ぶりに最高値を記録した（統計庁ホームページより）。

　このように若者の失業率、特に大卒の失業率が増加すると、受験生と保護者の最大の関心事は、大学の教育が就職に役に立つかということに集中した。このような受験生のニーズを踏まえて、名門大学を除くほとんどの大学は、「就職に強い大学」をつくるために、実用・実務中心の教育、専門的人材養成に焦点を当てた学部学科の再編を図った。そし

て、大学は「就職に強い分野」の学部学科の設置を大学特性化であるとして、政府からの財政支援を獲得しようとしたのである。

しかし、近年の特性化の分野は、就職に強いとされる自動車、生命工学、医療、看護、保健・福祉、観光などに限定され、結局、ほとんどの大学は同じ分野を「特性化」と称して重点化したのである。表7を例にすると、医療・看護分野と保健・福祉分野がそれぞれ14％と13％の高い比率を示している。それに続き、エネルギー、素材、機械、観光、外食・食品分野が高い比率を示している。結局、ほとんどの4年制大学が「特性化」の名の下、専門大学や職業訓練学校が主に提供していた医療・看護分野や保健・福祉分野、観光、外食・食品分野に進出した結果、人材の供給過多を引き起こし、これらの分野の就職難を誘発したのである。

さらに問題なのは、地方の大学ですら地域との連携には見向きもせず、全ての大学がグローバル化を推進したことである。もちろん、韓国の高等教育機関には外国からの留学生を吸収し、多様な国際協力の需要に対応する水準が他の先進国と比べて不足しているため[50]、留学生数の確保や国際交流の締結などの量的拡大が必要であるのは事実である。しかし、韓国の大学の多くは、国際化の明確なビジョンがない中、政府の

表7）大学の重点化分野の現状（一般大学）

大学	有名無実な特性化分野
A大学	医療、看護、建設システム工学
B大学	グリーンエネルギー、バイオメディカル分野
C大学	看護
D大学	保健福祉、社会体育、環境
E大学	医療、医療工学、製薬工学、臨床病理学
F大学	社会福祉
G大学	保健医療、高齢者福祉
H大学	高齢者対象の産業
I大学	バイオメディカル
J大学	障害者福祉

国際化推進政策に従って留学生を誘致しているため、留学生に対する支援や組織的な対応の不足を露呈しさせたのである。

　特性化政策は、グローバル化という名前をつけることが大学の特性化につながると勘違いさせ、むしろ大学と地域とのつながりを断絶させている。韓国の大学が特性化を訴えながらも、本当に必要な特性化が行われているかどうかは、はなはだ疑問である。大学は、特性化という名の下で就職率を上げることに集中するのではなく、大学の存在意義を再確認する必要がある。今、大学は、真理探求の理念に基づく学問研究と教授活動が覆されようとしている危機に直面しているのであり、これをどのように乗り越えるかという重要な局面に置かれている。次項では、大学や社会のために本当に必要な特性化とは何かを考察する。

3．大学の特性化の現況と課題

　特性化に対する政府の支援にもかかわらず、ほとんどの大学は定員を確保することに集中し、他大学との差別化を図る特性化はあまり進んでいないのが現状である。特性化を推進する中で大学が直面している問題を具体的にあげてみよう。

　第一に、多くの大学は百貨店型の類似した学科体制と教育課程を設置・運営し、各大学間の差別化が図られていない。さらに、歴史の浅い大学は自らに適した大学運営システムを開発せず、名門大学の運営システムを模倣している。

　第二に、大学財政を確保するために、18歳人口が減少するにもかかわらず定員の増設や学科新設などの量的拡大に集中した結果、教育の質的面で競争力が低下した。

　第三に、大学特性化が政府計画の発表から短期間で進められただけでなく、政府の政策変更によって既存事業が中断されたり、新規に推進されたりするなど、準備が不十分な中で行われた。

　第四に、政府の財政支援事業に集中するあまり、大学固有の学問分野の特性化が行われないという問題が生じた。

注目すべき点は、多くの大学が類似分野の特性化を推進し、自らの「個性」を活かしていないことである。大学構造調整政策を展開する上で、教育部の役割として重要なのは、多様な視点から大学特性化の支援を模索することが必要である。次章では、個性ある「特性化」を展開することで、大学構造調整の評価でも高い評価を得て注目された大学の事例を紹介するとともに、重要な成功要因を分析する。

〈注〉
41）大学アリミ（www.academyinfo.go.kr）ホームページ内の『大学アリミ案内』資料より。高等教育法第2条によって設置された各種学校、その他の法律に基づき設置された各種学校（国防、治安などの事由で情報公示が難しいと大統領令によって定められた学校）は除外している。
42）韓国大学教育協議会（2009）『大学の自己評価モデルの開発研究』p.184。
43）http://pal.assembly.go.kr/search/readView.do?lgsltpaId=PRC_V1V8L0M8A3B1Q1D8F1X6A4P2R6C0W7
44）大学アリミ「統廃合及び学校制度変更の大学現況」2015。
45）大学構造調整2周期現場討論会資料集「2周期構造調整改善方案の研究」（2016年11月24日）
46）Ibid.
47）パク・スジョン『大学特性化事業』国家記録院2014。
48）ソ・ジェミョン『大学の多様化及び特性化』国家記録院2006。
49）教育部「2014年地方大学の特性化事業の施行計画」2014年。そして、教育部「2014年首都圏大学の特性化事業の施行計画」2014年。
50）キム・ミラン他「韓国の高等教育の国際化政策診断及び改善方案の研究」韓国教育開発院2013。

第3章

大学の特性化戦略と競争力の強化

第3章　大学の特性化戦略と競争力の強化

　大学構造調整政策が推進される中で、大学の多くは類似分野の特性化に取り組んでいるため、それぞれの特色を創り出していないのが現状である。

　第2章でみたように、ほとんどの大学が就職率をあげるための実務教育と、グローバル化に焦点を当てている。その理由は、政策に合致する特性化を推進していることを政府に示すためであり、それによって政府から財政支援を獲得するためである。

　その結果、多くの大学は固有の哲学と教育理念に基づいた特性化を実現することができずにいる。しかし、一部には、教育部の特性化事業の選定に関係なく、教育に対する独自の哲学をもち、特性化に取り組んでいる大学がある。以下では、こうした大学の事例を紹介する。

第1節　大学の統合と連携の道

1．地方の大学の合併と協働：全北大学の例

　政府が目指す大学構造調整の理想モデルは大学統廃合であるが、統廃合がなかなか進まない理由は何か。端的にいえば、ほとんどの大学では、統合の際に内部の葛藤が深まり、統合が円滑に進まなくなるからである。しかし、2008年に国立大学同士で行われた益山（イクサン）大学と全北（ジョンブク）大学の統合は、珍しく穏やかな形で実現したケースである。両大学では統合後、類似学科と重複学科の統廃合により、大学組織のスリム化だけでなく、研究競争力の飛躍的な増加がみられている。具体的に言えば、教員の韓国研究財団登載論文数が平均11編だったのが、合併後は平均65編と、5倍以上飛躍的に上昇したのである。その結果、教育部や他の大学評価機関から「質的に非常に優れた統合」という評価を受けることになった。他の国立大学の統合の進行が事実上足踏み状態にある中、全北大学は稀にみる成功的な大学統合の事例として取り上げられている。

　それでは、益山大学と全北大学の統合はどのように推進されたのだろうか。両大学は大学構成員を対象に統合の是非を問う投票を実施し、賛成74.7％という圧倒的支持を得た。こうした民主的な手続きを経て、全北大学は益山キャンパスを動物医療と環境にやさしい農業バイオ分野に特化したキャンパスとして整備する案を提示し、吸収される側である益山大学に対する配慮を示した。また、益山市と全羅北道の自治体は、両大学の統合に対する仲裁と支援の役割を担った。こうした対処が統合に至る過程で生じ得る大学間の葛藤の要因を事前に排除する役割を果たしたのである。それだけでなく、両大学の教職員及び学生の理解を求めるために、丁寧な説明と意見交換を行い、保守的な姿勢を示す教員からも譲歩を引き出すことができたのである。

まず、益山大学の工学・農学系学部は、全北大学の工学、農業生命科学、生活学部に統合された。さらに、土木工学と社会基盤システム工学、農業経済学と生命資源流通経済の統合も実現した。その後、全北大学は特性化推進計画に基づき、益山大学の農学系の6学科を全州キャンパスに移転した。一方で、他の農学系5学科と工学系1学科（食品外食調理科）を益山大学のキャンパスに残すことで、両キャンパスの差別化戦略を推進した。例えば、益山キャンパスは電気、建設環境、電子情報、情報通信とコンピュータ情報などの電気関係分野を、全州キャンパスはアプリケーションシステム工学部や木造建築インテリア学科などを統合した生活科学や住居環境学科など、生活関連分野や建築分野に重点をおいた。キャンパス別の特性化に基づく学部学科の統合を通じて、全北大学は14単科大学、27学部67専攻、39学科に再編し、大学運営の効率化を高めたのである。

　韓国ではほとんど見られない円滑な統合を実現した益山大学と全北大学は、教育部から高い評価を得て、235億ウォンの財政支援を獲得した。そして、その支援を基に獣医学部を益山キャンパスに移転させ、両キャンパスの競争力向上に力を入れたのである。実際、同学部の移転は、最近頻繁に発生している口蹄疫やAIなど獣医学分野の最先端の研究を促し、益山キャンパスや同地域が獣医学研究の中心地として成長できる基盤整備という大学特性化の意義を示したのである。また、獣医学部の教員と学生が益山地域に生活基盤を置いたことで、益山地域の経済の活性化に繋がった。全北大学は、益山キャンパスを「環境にやさしい農・生命と獣医学分野のメッカ」として育成することを掲げるなど、役割分担を設定することで各キャンパスの特性化戦略を確立したのである。

　この統合において最も重要な部分は、都心のキャンパスと郊外のキャンパスの役割分担を明確にする特性化事業を展開したことである。キャンパス別の特性化という視点で各キャンパスの活用の可能性を考えると、都心のキャンパスの場合、不動産の価値が高く、合併時に残余財産もしくは遊休財産を処分することで、その資産を大学に再投資すること

が可能となる。一方、郊外キャンパスの場合はやや難しい側面がある。益山キャンパスのように、地域再生と関連する分野の特性化に取り組むことができれば理想的だが、そのような取組が難しい場合は、学部学科統廃合により都心へ完全に移転することが最良の方法である。18歳人口が減少する中、都心と郊外にキャンパスを持つ大学は体制の現状維持が難しい。したがって、大学は、大学や学部学科の統廃合を展開しつつ、各キャンパスの活用方法を工夫することが重要となる。

２．大学経営のリーダーシップ：嘉泉大学

　最近、大学統合により、名門私学として地位を固めようとしている大学がある。嘉泉（カチョン）大学である。

　嘉泉大学は、2012年に嘉泉医科大学と暻園（キョンウォン）大学が、4年制大学同士として初めて統合し、発足した大学である。嘉泉大学に吸収合併される形となった暻園大学は、1982年開校の総合大学で、統合前は人文学部、ロースクール、経営学部、社会科学学部、工学部、自然科学学部、IT学部、東洋医学部、音楽部、美術学部、生活科学学部、グローバル学部、バイオナノ学部という幅広い分野の学部学科から構成されていた。

　一方の嘉泉医科大学は、1998年開校で、医学部、医科学大学院、保健大学院、映像情報大学院及び看護大学院、病院経営大学院を設置する医学分野に特化した大学であった。ここで注目すべきは、両大学を設置・運営する学校法人が嘉泉学院であったことである。すなわち、同一法人が総合大学と医科大学を設置・運営していたのだが、それらを統合することで、大学運営の効率化とスリム化を図ったのである。もっとも、いくら同一法人とはいえ、他の大学統合と同様に、両大学の構成員の合意を得ることは容易ではなかった。それにも関わらず統合が実現したのは、暻園大学のイ・ギルヨ総長のリーダーシップによるところが大きかった。

　大学経営の「マエストロ」と呼ばれているイ・ギルヨ総長のリーダー

シップの下、嘉泉大学は優れた教員の採用、研究力の拡充、特性化、教育環境の改善などを通じて著しい成長を成し遂げた。実際、大学統合後２年目に当たる2014年以降、「大学特性化事業」（2014年）、「ACE（Advancement of College Education：学部教育をリードする大学）育成事業」（2015年）、「ソフトウェア（SW）中心大学」（2015年。以上、教育部の支援事業）、「長期現場実習（IPP）学習事業」（2015年。雇用労働部の支援事業）など、政府の財政支援事業を相次いで獲得したのである。特に、ACE事業の推進においては、国と社会に必要なコア人材を養成するという目標のもと、学部教育のパラダイムを質的に転換する「G型人材養成のための教育革新モデル」を提示し、30のコア事業、86の詳細プログラムを推進したことが高く評価された。統合後、特性化に対する政府の支援を獲得することで、嘉泉大学は「特性化の名門大学」としての地位を確たるものとした。以下では、その詳しい事業内容をみてみよう。

　第一に、ソフトウェア教育を義務化し、学生のコーディング教育を実施したことである。嘉泉大学は人文社会科学から自然科学まですべての学生を対象に、ソフトウェア基礎教養科目を１科目以上必修とした。学生は、モバイル・コンピューティングやビッグデータ、IoTなどの各分野で使用されているソフトウェアの概念と仕組みを学習する。実習では、さまざまなプログラミング言語と創造的な応用力を重視し、学生のソフトウェア活用能力を向上させる。特に、ソフトウェア専攻学生のカリキュラムには４万行以上のコーディング実習を編成したほか、20のチームプロジェクト、30のオープンソースのツール活用などを追加し、産業現場ですぐに活躍できる人材の養成を目標に取り組んでいる。

　第二に、差別化された「グローバル・プログラム」で語学力と国際感覚を備えた人材の育成を図っている。嘉泉大学も、他の大学と同様に、グローバルとローカル両方の感覚を備えた人材を育成するための様々なプログラムの運営が評価された。

　例えば、嘉泉大学は2012年、ハワイに寄宿型語学センターとして「ハワイ嘉泉グローバルセンター」を開設した。同施設では、年間300人以

上の学生が最長15週間滞在し、英語の学習と文化体験を行うことができる。さらに、同大学は26ヵ国111の大学と交流しており、毎年1200人以上の学生が短期語学研修と交換留学などを通じて言語と文化を体験しているほか、毎年1300人の学生が海外研修に参加している。短期留学プログラムについては、航空運賃を除くプログラム費用を大学が全額支援しており、4人に一人の学生が夏休みを利用して参加している。特に、嘉泉大学の専門分野の特性を活かした米国食品医薬品局（FDA）インターンシップ・プログラムには12人の学生を派遣しており、学生の間では人気が高い。単に参加するだけでなく、学生が海外学術誌の論文に共著者として名を連ねるなど、成果もあげている。まさに教育と研究が一体化されたプログラムであり、グローバル・インターンシップの成功事例としてマスコミと教育部から評価されている。

第三に、人文、社会科学、自然科学、工学、芸術という学問分野の壁を超えて、文系と理系を合わせた統合教養課程を編成したことである。G-Seriesと名付けられているこの教養講座は、歴史的出来事と人類社会の発展のつながりを今の時代に合わせて新たに再解釈する。それだけでなく、人文科学の基礎融合的思考の種を育てていくために、学問分野を超えた基礎教科課程を開設している。学問の融合を目指した基礎教科課程は、人文、科学技術、芸術分野に関するテーマと方法論の融合を目指し、特に最新の融合分野で議論されているITや実証的人文科学、脳認知科学などの内容を含んでいる。例えば、「実験人文学」、「物語と媒体」、「祭り企画と文化コンテンツ」、「心理学の芸能」、「ITと心」、「記号論と認知」などがある。特に、「実験人文学」は、文学のあるトピックを経験科学的枠組みからアプローチして実験、検証し、それを通じて人文学理論の探求を目的としている。さらに、「心理学の芸術」は、精神心理学領域と芸術の領域の統合アプローチを追求し、日常生活の中で容易にアプローチすることができる芸術作品や活動の底辺に敷かれた心理的な動機を人文的思考の枠組みから解釈する。

嘉泉大学のソフトウェア教育や海外留学支援、「文系＋理系」の教養教育は、教育部が示した理想のモデルであり、多くの大学が挑戦したい

と思っているものあった。しかし、それを実現することは難しい。なぜならば、ソフトウェア教育を実施する際には設備投資が必要であり、海外留学機会の拡大にも財源と海外のネットワークが必要だからである。しかし、嘉泉大学は、これが可能であることを証明した。必要な財源は、病院を経営する学校法人の収益を積極的に再投資することで確保した。すなわち、学校法人の財源を増やすために金融商品へ投資するのではなく、学生の教育と研究のために優先的に使用するという原則を守ることが重要であることを示唆している。また、そうした再投資を拡大するために、学校法人の本来の収益事業に集中することが必要である。

　それでは、なぜこのような新しい教育内容の編成に積極的な挑戦が可能なのか。それは、学長の強いリーダーシップに起因する。多くの大学が経営者の強いリーダーシップが大学の民主的運営を妨げると憂慮するが、多くの財源を要する事業の場合は経営者のリーダーシップが不可欠である。

　嘉泉大学は、総長のリーダーシップに基づく特性化事業を推進し、今回の大学構造調整政策の評価において最優秀のＡランクを獲得した。教育部の理想モデルであったことを考えれば当然の結果だが、こうした事業の推進が不可能だと主張してきた他の大学はこれ以上弁解できない状況に追い込まれた。大学経営者のリーダーシップを大学の民主的運営を妨げる要因だと恐れず、そのリーダーシップを新たな挑戦の起爆剤として活用していくことが重要である。

第2節　究極の実学主義と実務教育戦略

1．実学コンテンツとグローバル化：又松大学

　オープンキャンパスで大学を訪れる日本の保護者や学生の関心は就職率である。それは、韓国においても同じである。ネームバリューが高い名門大学や地方の国立大学を除けば、多くの大学が就職に強い大学であることを強調している。特に、大学の特性化が大学評価の重要な要素となってからは、多くの大学が就職率を高めるために、就職率の向上が期待できる学部学科の設置を始め、就職率が低い学部学科の構造調整を実施し始めている。その中で、大学の統廃合と学部学科の構造調整を通じて就職に強い学部学科の再編を行ったのが又松（ウソン）大学である。

　又松大学は、大田広域市東区にある私立総合大学である。1995年にチュンギョン産業大学として開校し、1996年に又松産業大学に校名を変更した。その後、1998年に現在の又松大学に改称し、2008年8月に又松工業大学と統合することで総合大学となった。現在は鉄道・物流、外食・観光、保健福祉、デジタルメディア、国際経営の5つの特性化事業に注力している大学として評価が高い。また、国内初の4学期制を導入して、春・秋学期各15週間、夏・冬学期各6週間の授業運営により、3年半での卒業を可能にするなど、ユニークな教育制度を整備して注目を集めている大学である。

　又松大学が、今、特に注目される理由は、その特性化事業戦略にある。特性化の内容を具体的に見ると、第一に、総長のジョン・エンディアン・カットのリーダーシップのもとで、「特性化60年、グローバル100年」というスローガンを掲げ、理論と実務を兼ね備えた専門性の高い人材、世界を舞台に活躍するグローバルな人材の育成を加速させている。そして、就職に強い分野の学部学科として、ソルブリッジ国際経営学部、ソルアジアサービス融合学部、鉄道物流学部、保健福祉学部、ホ

テル外食調理学部、デジタルメディア学部などを設置している。その中でも、2014年に設置されたソルブリッジ国際経営学部は、全世界の上位5％の経営大学（ハーバード、ウォートン、コロンビアなどの海外の有名大学）だけが保有しているAACSB（国際経営大学の発展協議会）の認証を受けた。それだけでなく、ソルブリッジ国際経営学部は、海外に留学する必要がないほど完全なグローバル教育環境を醸成している。40カ国出身の留学生が一緒に勉強して生活することにより、多文化能力（Cross-Cultural Competency）を育成している。講義は100％英語で行われ、教員のほとんどはハーバード大学やMIT、ペンシルバニア大学など海外の名門大学出身で、通信、エネルギー、電子、金融機関や経営コンサルティングなど、さまざまな産業現場での豊富な経験を持っている者で構成されている。

　第二に、2015年に設立されたソル・インターナショナルスクール（Sol International School）は、ソルブリッジの教育システムを調理、ホテル、鉄道、医療サービス経営、メディア映像、ビジネス、外食創業分野に拡張させ、海外就業が可能なグローバル人材の育成を行っている。優秀な外国人教員が英語で講義し、さまざまな海外インターンシップを提供するなど、海外就業に特化した教育を実施している。例えば、1か国につき1大学のみ参加できるインスティテュート・ポール・ボキューズ・ワールドワイド・アライアンス（Institut Paul Bocuse Worldwide Alliance）の15番目のメンバーに選ばれた。同アライアンスは、フランス、アメリカ、カナダ、日本、台湾など17カ国で、外食調理教育に関してその国を代表する大学によって構成されている組織である。このように、又松大学は大学間の協力を通じた世界的水準の調理教育を受ける機会を提供し、韓国国内はもちろん、海外でも評価が高い。

　第三に、在学生の実力を向上させるために制度を革新し、さまざまなプログラムを実施していることである。その中で、韓国国内の大学で初めて導入した「1年4学期制」は、学生が3.5年で卒業することを可能としている。各6週間の夏・冬学期に、副専攻、複数の専攻、国家資格

コース、外国語の集中教育、現場実習プログラムを通じて、在学生の就職力の強化を図っている。このような夏と冬の集中授業は、学生の実務能力を強化させ、国内・外コンテストで優秀な成績を収めるベースとなっている。

　これらの特性化の取組が評価され、教育部の大学特性化事業（CK-1）では合計4つの事業（アジア専門経営人材育成事業、グローバル鉄道専門人材の養成事業、グローカル幼児教育専門人材の養成事業、グローバル地域の専門家養成事業）」が採択され、合計123億ウォンの支援を受けた。こうした成果の背景にあるのは、積極的な大学統廃合と、それを通じた実用的分野の学部学科の設置である。同時に、英語による授業の実施だけでなく、外国人総長のリーダーシップにより、海外の大学評価機関に認定を受けるためにグローバルな教育環境の形成に力を入れたからである。

　又松大学のこのような取組は、他の大学ではなかなか模倣できないものである。それは、伝統的な大学にはそぐわない、ほぼ職業訓練学校的な学部を設置しており、4年制の総合大学らしくない学部学科を構成しているからである。しかし、それが今は特性化を代表するものとなり、むしろ高い評価を得ている。大学の構造調整の成功は、結局、他の大学が躊躇するもの、不可能だと思うことへの果敢な挑戦が成功につながることを又松大学の事例は示唆している。

2．学部学科の差別化戦略：慶雲大学

　1990年代後半、アジア通貨危機により韓国経済が破綻すると、大学授業料が多くの家計の負担となっただけでなく、大卒者は就職難に直面し、また多くの大学が経営困難に陥った。こうした困難な時期に開校したにもかかわらず、短い期間で特性化に成功した大学がある。1997年に設置された慶雲（キョンウン）大学である。慶雲大学は、工業団地がある人口42万人の慶尚北道亀尾市の郊外にキャンパスを置く。歴史が短く、キャンパスも地方の郊外という非常に不利な状況にありながら

も、志願者は多く、高い就職率を達成し、さらに大学評価で常に高い評価を得ているのはなぜだろうか。

　慶雲大学の学部学科の構成を見ると、ITエネルギー学部、航空学部、保健学部、看護学部、社会科学部、警護スポーツ学部など６つの学部と３つの大学院で構成されている。ITエネルギー学部は、コンピュータ工学学科、モバイル工学学科、新素材学科、エネルギー学科、建築学科、マルチメディア学科から構成される。航空学部は、航空電子工学学科、航空情報通信工学科、航空観光学科、航空運航学科で構成されている。このうち航空情報通信工学科は、航空情報システムとレーダー分野の技術人材を育てる大邱慶北地方で唯一の学科である。保健学部は、眼鏡光学学科、物理療法学科、作業療法学科、歯科衛生学科、臨床病理学科、保健バイオ学科、医療経営学科などで構成されている。人文系の社会科学部には、警察行政学科、社会福祉学科、軍事学科で構成されている。警護スポーツ大学には、警護学科と社会体育学科がある。大学院は、一般大学院、産業情報大学院と社会福祉大学院が設置されている。

　上記のように、従来の大学ではあまり見られない軍事学科、警護スポーツ学部のように、就職に重点を置く学部学科が多く設置されていることがわかる。これだけを見ると、従来の大学のイメージからはかけ離れた印象があるが、大学評価において高い評価を得ることができたのは、何よりも航空学部の存在が大きい。実際、慶雲大学は、国家航空産業教育をリードする国内唯一の４年制大学として評価されている。慶雲大学が航空学部の特性化に成功した最も重要な要因は、教育インフラへの積極的な投資である。慶雲大学は、航空学部に最先端の飛行教育施設を作り、体系的な教育インフラを構築してきた。

　例えば、アメリカのシーラス（CIRRUS）のSR20航空機５機を購入し、安全で質の高い飛行教育を実施している。また、優れた飛行コースを整備し、在学中にさまざまな飛行の資格を取得することができるよう力を入れている。その結果、航空運航学科の卒業生は、２年連続で100％の就職率を記録し、地域の受験生と保護者の注目を集めた。航空工科学科と航空サービス学科の場合、教育課程システムを社会の需要に合わ

せて策定し、就職を保障する「創造・融合型航空特性の教育システム」を運営して航空関連機関と人材協定を結んでいる。また、航空学部においては、入学時の成績優秀者に対する奨学金制度として「プライムドリーム奨学金」を設け、１年間の授業料を全額支援している。

また、軍事学科と看護学部も、特性化事業において高い評価を得ている。軍事学科の卒業生は、航空学部と同様に、100％の就職率を達成している。全員が士官等の職業軍人として採用されたという。また、看護学部の在学生は、看護師の国家試験で毎年高い合格率を誇るなど、看護教育でも優れた教育システムを構築している。そのほか、産学連携においても1,400の企業と協力し、共同で授業の企画やインターンシップ・プログラムの運営を行っている。こうした企業の協力が基盤となって、学生たちの就職率の向上を実現している。

それでは、慶雲大学が特性化において成果を挙げることができた要因は何だろうか。端的に言えば、大学の構成員（学生、教職員、地域企業）間のコミュニケーションを円滑に行うシステムが整っていることである。チャン・ソクジュ総長によると、地方大学の場合、コミュニケーションを通じた素早い対応がより重要になることが多い。これを念頭に、積極的なコミュニケーションをとることができるよう運営委員会を教員や学生に開放したと言う。実際、こうしたコミュニケーション文化の醸成により、構造調整においても議論が円滑に進んだという。例えば、警察行政学科は、多いときは年間50人以上の警察官を輩出するなど、国内で最も多くの警察官を育成する学科となっていた。しかし、就職率でみると70-80％に過ぎず、他の学科に比べて相対的に低かった。そのため、定員100名を60名へ縮小する構造調整を敢行したのである。その際、学科側からは強い反発があったが、教授や学生と総長との直接的な面談が何度も重ねられ、最終的に合意に至ったという[51]。

慶雲大学の特性化が高い評価を得ている背景には、三つの要因がある。第一に、航空学科のように、企業や地元自治体との協力を通じて教育インフラ投資を広い分野にわたって果敢に行ったことである。これは、他の大学との明確な差別化となった。

第二は、軍事学科や警察行政学科のように、革新的である一方、安定した就職率を確保できる分野を設けたことである。軍事学科は、国の士官学校以外にはない分野であったが、徴兵制のある韓国の社会的状況を踏まえた学部学科編成が特性化につながったのである。
　第三は、AO入試制度に類似した「随時入試」で学生の8割を募集しながらも、厳しい面接基準と学力チェックシステムを設け、学科と学生とのミスマッチを解消する方法を模索したことである。
　従来の大学では想像できなかった学部学科を作り、教育と研究を展開することは難しい。しかし、今、慶雲大学の事例を参考に、類似した学科を作る大学が増えている。こうしてみると、斬新な学部学科を作ることはリスクを孕む一方、新たな時代を作るという社会的使命を帯びた大学だからこそ挑戦する価値があると思われる。

第3節　産学連携と起業家教育

1．母体企業と大学のパートナーシップ：成均館大学

　成均館（ソンギュンガン）大学の特性化は、学生中心の教育・福祉システムの点で高い評価を得ている。

　まず、成均館大学の概要を確認しておくと、「成均館」は高麗時代から朝鮮時代にかけて国の最高学府として人材養成と学問研究の機能を担ってきた。日本の植民地支配の時代においては、儒学ではなく近代的学問を扱う機関へ姿を変えていく。1930年には民族の教育熱の高まりに後押しされ、日本明倫学院へと改編され、1939年に明倫専門学校となった。そして、独立後の1946年に財団法人（後に学校法人）成均館大学が設立されて単科大学として発足し、初代学長に金昌淑（キム・チャンスク）が就任した。1953年には総合大学に昇格し、1979年水原に自然科学キャンパスを新築した。その後、1996年11月からサムスン財団が学校法人成均館大学財団を買収して運営に参加することになり、サムスンとの連携を視野に入れた大学の特性化を実施することに至ったのである。

　近年における成均館大学の大学特性化の状況を見ると、まずその成果が著しい。教育部が実施する顧客満足度調査の総合私立大学の分野で10年連続1位を獲得した。その理由として、学生の奨学金支給率や寮の収容率、活発な学生交流など「体系的な教育システムと学生の福祉、就職率向上のためのさまざまなプログラムの運営」があげられている。

　もう少し具体的に内容を見てみると、第一に、新入生へのサポートである。同大学は、新入生対象の大学教育適応プログラムにおいて教養教育に力を入れている。特に、全ての新入生にソフトウェアに関する教養プログラムを提供している。理系の学生だけでなく、人文系の学生にもソフトウェア関連教養講義16科目を開設し、ほとんどの学生に受講さ

せている。新入生の時期に人文系の学生もソフトウェアの分野に興味を持つように誘導し、関連する思考力を育てて、融合人材への成長を支援するという趣旨である。第二に、学生の福祉の改善に積極的に取り組んでいる。同大学の在学生1人当たりの奨学金の金額は335万ウォン（約30万円）で、首都圏の大学の中で最も高いレベルにある。特に「サムスン奨学金」は、入学金と4年間の授業料（医学部6年・建築学科5年）を全額支援している。また、学生寮についても、在学生の22.5％を収容できる環境を整えている。

　第三に、多様な教育プログラムである。その代表的なプログラムの一つが、「融合ベースのCreative人材育成事業団（C-School）」が運営する「融合基盤プロジェクト」である。グローバルな問題に興味がある学生がチームを形成し、特定の課題を選びその解決方法を模索するプログラムである。チーム別のコラボレーションを通じて、創造的な解決策を提示し実践することに重点を置いている。また、政府から年間16億ウォン（1億6千万円）の財政支援を受ける「ACE（学部教育をリードする大学の育成）」事業に選ばれ、3年間42人を選抜して教養教育とリーダーシップ教育を実施している。さらに、サムスンが支援する「融合ソフトウェア連携専攻（SCSC）」の教育プログラムは、ソフトウェア専攻以外の全ての学科学生にソフトウェアの基礎科目を提供する。このプログラムを履修すると、融合ソフトウェア専攻の学位を取得できるとともに、サムスンの採用試験で職群に関係なく、面接などで優遇されるため、就職で有利となる。そのほか、自由学期制の一環として「夏季集中学期制」を実施している。夏季集中学期制は、学生の自己啓発を支援するための新たな学制で、夏季休暇の8週間、秋学期の授業を前倒しして実施し、最大9単位まで履修することができるようにしている。それにより、学生は夏休みを自己啓発のための時間として使うことができる。

　第四に、国際交流である。国際交流は、ほとんどの大学が特性化事業の一つとして必ず取り組む最も一般的なものであるが、成均館大学の国際交流の特徴は、学生交流協定校の数である。成均館大学は、現在までに76ヵ国931の大学と交流協定を締結し、年間1,500人以上の交換学生

が国際交流に参加している。成均館大学のキャンパスで学ぶ外国人留学生の数は実に2,400人にのぼる。MITやインディアナ大学、復旦大学、北京大学、バーミンガム大学など、33の海外名門大学とのダブルディグリープログラムを運営し、毎年約100人の学生が成均館大学と海外の名門大学の学位を同時に取得できる。特に2008年に始まった国際夏学期プログラムは、毎年世界の主要な問題をテーマに、各分野の専門教員を招聘して国際化教育を実施している。今年は「グローバルシナジー：コラボレーションを通じたイノベーション（Global Synergy：Innovating through Collaboration）というテーマで開かれ、4週間で1,500人以上の学生が参加した。また、海外の大学での単位取得を目的に、一学期もしくは二学期間、学業を続けながら相手国の言語・文化などを学ぶ交換学生プログラムも運営している。

　最後に、起業のためのさまざまな支援プログラムがあげられる。成均館大学の2015年度の就職率は69.3％であった。過去3年間、進路ナビゲーションやキャリア開発、就業戦略、女性のキャリア開発と関連した科目の開設などの努力の結果とされる。就職を支援するために専攻別の専門カウンセラーを大量に採用し、密着型の相談も行っている。休暇の間は進路について深く検討するプログラムも提供する。2015年には、合計1,061人の学生がサムスンやLG、現代などの海外現地法人や外交通商部（日本の外務省にあたる）など311の機関でインターンとして活動する機会が提供されたという[52]。

　そのほか、起業家育成教育として学生の起業を支援する「3S」プログラムも運営している。3S（Start：アイデアの発掘、Support：人材育成と成長をサポート、Success：成功事例の創出）プログラムでは、特に起業を正規科目として運営し、起業キャンプや起業スクールを開催するほか、試作品の製作も支援する。

　こうした特徴を持つ成均館大学の特性化事業を総合的に分析すると、サムスンの積極的な支援と教育哲学が反映されていることがみてとれる。第4次産業革命において注目されるコーディング教育を教養教育に編み込むことは、サムスンの技術的支援と人的支援があるからこそ可能

となった。また、76カ国の大学との国際交流も、サムスンの海外法人のネットワークなくしては実現不可能である。

このように、大学の特性化においてはサムスン奨学金のような財政的支援も重要だが、企業が蓄積してきた人的・技術的な支援を反映させることも重要であると言える。もちろん、企業の大学教育・研究への関与が大学の自由な研究風土を抑圧し、コントロールするリスクも指摘されているが、それは大学の民主的運営を細賦する体制を整備することで予防が可能である。成均館大学の成功事例は、教育・研究における大学と企業とのパートナーシップの重要性を示唆している。

2．人文学の時代と起業家教育：圓光大学

近年、韓国の大学の多くは起業家の育成教育に力を入れている。もはや大学特性化の必須項目ともいえる起業家教育だが、大学卒業後の起業は失敗した際の責任を恐れ、起業を躊躇する学生が多いのが現実である。しかし、圓光（ウォンガン）大学の取組は、卒業後ではなく在学時に起業を促すという点で注目を集めている。

圓光大学は、1946年、宗教法人円仏教によって設立され、1971年に総合大学に改編された。現在、9つの大学院（一般大学院、教育大学院、工業経営大学院、東洋学大学院、漢方医学専門大学院、法科大学院、行政大学院、保健環境大学院、東西補完医学大学院）、15学部（教育、人文、経営、生命資源科学、薬学、師範、自然科学、生活科学、漢方医学、美術、社会科学、工学、歯学部、医学部、公共政策）で構成されている。もともと医学部と漢方医学部という有力学部があり、地方の名門私学に位置付けられていた。しかし、両学部以外は相対的に競争力に劣り、圓光大学は起業教育を特性化の中心に据えることを始めた。

圓光大学が開催する「１学科のための起業アイテム発表会」では、3Dプリンティングやドローンファクトリー、シリコン廃棄物を活用した再生可能エネルギーなど、さまざまな起業アイデアが提示された。同大学が実施する「１学部１起業」プログラムは、キム・ドジョン総長が

大学革新のキーワードとして設定した「起業」と「産学協力」を体現している。

　ここで一つ疑問となるのは、経営や工学など、技術力等を明確に示すことができる分野はともかく、人文学部分野での起業は可能であろうか。圓光大学が人文学分野でのベンチャーに興味を持った理由として、現代社会がすでに文化産業によって世界が主導される「文化資本主義」の時代に入ったことがあげられている。過去の産業資本主義時代には、爆発的な人口増加を背景に衣・食・住の物質的な消費が中心的であったが、文化資本主義の時代には精神的な満足に対する要求が消費意欲の形で出現している。そして、産業構造は大企業中心からベンチャー中心へと移っているのである。

　こうした時代の変化に合わせ、圓光大学は、「学問の府としての大学」という固定化された観念を脱し、文化資本主義に基づく新しい需要に合わせて変貌しようとしている。産学協力リード大学（LINC）育成事業やプライム事業、起業リード大学など、産学協力の大型国策事業を積極的に行って学部体系を改革し、医薬系を含む全学生の起業教育の履修や1学科1起業といったプログラムを運営している。圓光大学のプログラムは、人文系の起業に焦点を当て、差別化を図ったことが高い評価につながったと理解される。

第4節　究極の差別化戦略：韓東大学

　浦項市にキャンパスを置く韓東（ハンドン）大学は、1992年の設立以来、地方大学にもかかわらず首都圏の名門大学と同等の評価を受けている注目度の高い大学である。韓東大学の全学生数は3,500人に過ぎず、小規模大学に分類される。しかし、その入学者の修学能力試験（日本のセンター試験に該当する）の平均成績はソウルの最上位大学と同じ水準であり、定員の充足率も100％である。そして、地方大学にもかかわらず、首都圏出身の学生が半分以上を占めている。また、卒業生の就職先も、サムスン電子やPOSCOなど国内有数の企業だけでなく、インテルやIBMなどグローバル企業に及んでおり、地方私立大学としては著しい成果を上げている。

　韓東大学がこのように優秀な学生の支持を集める理由は何だろうか。一つは、初代総長のキム・ヨンギル総長のリーダーシップを挙げることができる。キム総長は、「ネットワークが定着した知識情報化社会では、地域を超えた視点を持つために、大学は海外に目を向けるべきだ」と述べ、「論文執筆ではなく人材育成を、教授の研究能力ではなく教育能力を重視する学部中心大学になる」ことを強調した（韓東大学のホームページより）。まさに、教育中心型大学の哲学がもたらした成果と見ることができる。もう一つは、韓東大学の最大の強みである特性化戦略である。以下、その内容を詳しく見てみよう。

　第一に、知識情報化社会に適した創造的な人材を輩出するための教育課程の編成である。韓東大学は、創造的な人材を養成するため、新入生を無専攻・無学科で募集し、1年次は自らの興味・関心について深く考えることを促す。2年次に進級する際に専攻を選択するが、必ず複数専攻とし、文系でも理系の科目を選ばせた。さらに、学部を超えた専攻選択を可能とした。すなわち、時代の変化に則し、学際的な視点に立った学制改革を断行したのである。

　第二に、韓東大学は開校当時からグローバル化、国際化を強調してき

た。英語の大学名を「Handong Global University」とし、国際化の意志を明確に示した。ただ、韓東大学の特徴は、海外留学奨励を戦略の中心に据えるのではなく、国際法律大学院を設立したことにある。韓東大学が位置する浦項は地方都市だが、地域を超えて世界中で活動することができる人材を養成するため、2002年にアジア初の国際法の大学院を設立した。2002年の設立以来、アメリカの7つの州で活躍する323人の弁護士を輩出している。これまでの卒業生のアメリカ弁護士試験の合格率は、70％に達する。これは、他国のロースクール卒業生の合格率が30-40％であることを考えれば、非常に高い水準である。こうした成果は、国内で唯一、アメリカのロースクール教育課程（3年）をそのまま移植していることに依る。13人の教授陣は全てアメリカ人弁護士で、講義は完全に英語で行われる。「ソクラテス式問答法」（socratic method）というアメリカのロースクールの教育方式を導入し、学生の問題解決能力と法律的思考能力を育成している。また、模擬法廷で仮想裁判を開き、裁判実務能力も向上させている。図書館には全世界のオンライン法律データベースを構築し、学生が最新の判例をリアルタイムで研究分析できるようにしている。卒業には、アメリカのロースクールと比べて20単位多い105単位を取得しなければならない。ワシントンDCで弁護士試験に合格した後、法務法人に勤務している卒業生は、「アメリカに行かなくても国内でカスタマイズされた教育を受けることができ、時間的・経済的に大きな助けになった」（卒業生J氏へのききとり：2016.3.27）と述べた。韓東大学の国際法律大学院には、韓国の学生だけでなく、留学生もいる。中国の弁護士資格を持って入学した中国の留学生は、2016年にアメリカの弁護士試験に合格しており、インド国籍の卒業生もインド弁護士試験に合格した。ジャン・スンフン総長は「韓東大学のロースクールに、外国人学生の入学が毎年増えるなど、国際的なロースクールとしての名声を高めている」（ジャン総長へのききとり：2016.10.12）と語っている。

　第三に、入学者を全員、AOに該当する「随時選考（入学査定官選考）」で募集していることである。一般的にAO入試には学力が低い学生

が集まることが多いが、韓東大学の場合、修学能力試験の成績とエッセイと課外活動を総合した選考で一次選抜を行い、一時選抜合格者を対象に書類審査50％、面接および口述試験50％の二次選抜を実施して合格者を決定する。つまり、基礎学力を前提とした上で、韓東大学の理念に合った学生を募集するため、教授が持ち回りで入試業務を担当するのではなく、入試専門の教職員を配置している。

　第四に、研究支援における教員評価の際、論文数を参考とするのではなく、教育の質を重視している。評価において政府や大学が論文数を強調する昨今、教員らは講義の質を高めることには関心がなく、論文発表のための研究に没頭しているという。すると、当然ながら学部教育がおろそかになる。そこで、学部教育が充実していることで有名なアメリカのダートマス大学の教員評価制度を導入し、論文よりも講義の質を優先している。例えば、どのようにうまく教授したのか、メンタープログラムをどれくらいうまく活用したのかなどが重要な評価項目であり、研究活動については二の次、三の次である。

　韓東大学の事例を見ると、大学の特性化や差別化戦略において、国際法律大学院のように世界を視野に入れる実務的な人材を養成することが可能であることに驚く。韓国では、アメリカやヨーロッパ、あるいは中国の弁護士を養成して教育する法科大学院はまだ現れていない。韓東大学の取組は、簡単には模倣できないような差別化された価値のある大学の特性化、それが真の特性化であることを示している。

〈注〉
51）チャン・ソクジュ総長の聞き取り調査（2016年10月12日）
52）『朝鮮日報』（2016年12月28日）

第4章

大学構造調整と大学改革の失敗学

第 4 章　大学構造調整と大学改革の失敗学

第 1 節　「企業化」する大学経営の副作用：中央大学

　大学構造調整政策の展開以前から、大学の「企業化」という観点から積極的に改革を行ってきた大学がある。ソウルと京畿道にキャンパスを置く中央（ジュンアン）大学は、日本の植民地時代に設立された幼稚園を起源とし、韓国経済の発展とともに 4 年制大学にまで発展してきた。

　順調に展開してきた中央大学だが、創設者のながれを汲むキム・フィス財団の大学経営に対する無関心さが取りざたされ、大学の教育・研究環境の悪化が懸念された時期があった。卒業生や在学生、教職員は理事長の退陣を要求する中、同財団は中央大学の経営権を斗山グループに譲渡したのだが、結果的にそれが大学の再生につながることになった。

　2008年 6 月に中央大学理事長に選任されたパク・ヨンソン理事長は、「名前を除き、中央大学のすべてを変える」という目標を掲げ、就任式で「中央大学を成均館大学より競争力のある学校に育てたい」と述べた。そして「百貨店方式に羅列された学科を時代の変化に合わせて積極的に再編する」意志を明らかにするとともに、就任後の 1 年 6 カ月間、総額559億ウォン（60億円）に及ぶ個人資産を出捐した[53]。

　こうして大学運営における集権化の体制を整えたパク理事長は、2010年、18の学部を11に、77の学科を49に縮小する構造調整案を理事会で通過させた。すると、これまで歓迎ムード一色であった大学の新体制に対する見方は一変し、構造調整に対する反発が一気に高まることとなったのである。

　中央大学は、これまで構造調整を 3 回実施している。2010年 4 月から実施された最初の構造調整計画では、10学部46学科体制への縮小を

目標に家庭教育学科を廃止し、その定員を経営学科及び経済学科へ移した。その理由は、中・高校での家庭科教員の募集定員が減る中、将来的な就職難が明らかであったからである。問題は、家庭教育学科の学生が構造調整の事実を知らされたのが、教育部にこの案が提出される前日だったことである。つまり、大学側はステークホルダー間の調整を一度も行わないまま、独断で構造調整を行ったのである。そして、2013年には定員充足率が低かった比較民俗学科、家族福祉学科、児童福祉学科、青少年学科が構造調整の標的となった。これらの学科の廃止も一方的に行われた。2度にわたる大学当局の独断的な構造調整に反発した学生は総長室を占拠し、混乱の中で総長は辞職を余儀なくされたが、構造調整自体は中止されなかった。政府の大学構造調整政策とともに推進されたのが「学士システムの先進化」と呼ばれる構造調整である。

学士システムの先進化は、学問の融合を目的に、最初の2年間を教養課程で履修し、その後専門学科を選択させる学制である。しかし、大学当局の真の意図は、教養課程修了後に就職に有利な特定の学科に学生を誘導することにあった。そして、学校当局が「不要」と判断する学科は定員割れを理由に廃止し、その定員を他の学科に移すことが企図された。つまり、学生の選択を尊重するという大義名分に基づき構造調整を実施できるスキームを作りあげたのである。もちろんこれに対しては就職率が低調な学部学科から反発が起こったが、教育部や大学評価機構からは、2年間の教養教育や人文学的素養を備えた人材の養成などについて非常に高い評価を得たのである。

最も早く構造調整に取り組んだ大学の1つである中央大学が今なお葛藤に苦しむ原因は何か。最も重要と思われるのは、構造調整の主体の所在である。構造調整に成功した又松大学や慶雲大学の場合は、教職員や学生との長い時間をかけたコミュニケーションを通じて相互理解を深め、合意を形成した上で推進した。しかし、中央大学の場合は、学生や教職員との話し合いは一切もたれず、経営陣主導の独断的な方法で行われたのである。

こうした学生、教職員不在の構造調整の背景にあるのは、民間企業の

トップダウン式の構造調整の手法である。中央大学の構造調整は、企業買収・合併を専門とするコンサルティング会社アクセンチュア（Accenture 韓国法人）が関与して組織された中央大未来戦略室の主導で行われた。例えば、就職率が低い人文・自然科学分野の基礎学問を中心とする学部学科が廃止の対象となる一方、国際物流や金融工学など、短期的に明確な成果が期待できる学部学科が新設されたのは、費用対効果を重視する企業的な発想に基づく改革であった。アクセンチュアのコンサルタントをリーダーとして、総長直属組織として設置された未来戦略室の役割は、次のようなものであった。

「企画室が大学行政の全般のコントロールタワーの機能に集中する一方、未来戦略室は中長期的な視点による戦略策定に集中する。中央大学の青写真は、学部学科を横断する融合型の講義、リベラルアーツ学部の設置、国際化キャンパスの整備などを行うとともに、財政面での収益構造を多様化する方向性で構成されている」[54]

実際のところ、未来戦略室主導の構造調整に対しては肯定的な意見もある。その一つは、過去の経営陣に比べて大学への投資が飛躍的に拡大され、その結果、教育・研究環境が向上したことである。もう一つは、教員側に偏重していた学内の権力構造に変化が生じたことである。すなわち、教員中心の意思決定構造の下では、大学が社会の変化に十分に対応しきれないという課題があった。産業界の認識は、教員の多くは自ら変化しようとする意識が希薄であり、産業と社会の発展に合わせて実用的な学問に挑戦しようとする意識が欠如しているというものであった。特に、文学や哲学、法学などの分野の教員に対しては、産学連携を通じた学問の実用化へ挑戦する意識が乏しい一方、学内政治には没頭しているという批判が繰り返されてきた。こうした弊害が企業型の運営体制の下で見直されたことは評価されている。具体的には、教員給与を年功序列型から成果主義に転換することで、教員の意識改革が促されるとともに、権力乱用の防止といった効果があったとされる。

斗山の参入後、中央大学の入試では志願者数が44％上昇し、競争率も全体的に上がったことから、中央大学の改革は学生や保護者の支持を得たとみなされた。しかし、独断的な構造調整に起因する学内紛争が長期化すると、こうした手法が改革の失敗の決定的な要因として指摘されるようになった。どんなに優れた構造調整計画でも、ステークスホルダーとの対話を欠くことは、大学で最も重要視される民主的な意思決定の原則に反しているからである。

第 2 節　近視眼的大学経営の対価：清州大学

　韓国中部の忠清地方を代表する名門私学である清州（チョンジュ）大学が、2015年度の大学構造調整の評価において政府の財政支援の制限大学に指定され、大学関係者の間に衝撃が走った。1946年設立の清州大学は、61学科と4大学院から構成される地方の名門私学である。しかし、大学構造調整の開始以前から、二代目総長の独裁的な学校運営や、民主的な手続きを経ない人文学・芸術系の学科の廃止などに起因する紛糾が学内で続いていた。以下では、清州大学の学内における混乱と、財政支援制限大学の指定に至った背景についてみてみる。

　教育部による大学構造調整政策が本格化する以前から、清州大学はその将来的なビジョンの有無が疑問視されていた。というのは、明確なビジョンを示すことなく、一部の学科を廃止する自発的な構造調整を行ったからである。これは、前述の中央大学と同様に大学経営の効率化という趣旨で行われたもので、具体的には哲学科やドイツ語ドイツ文学科、フランス語フランス文学科、ロシア語ロシア文学科を廃止し、その定員を新設の文化コンテンツ学科に充てたのである。その結果、同大学の人文系学科は国語国文学科、歴史文化学科、文献情報学科、英語英文学科、日本語日本文学科のみとなった。大学本部の関係者は、「教育に対する学生や社会の需要（就職率を含む）や評価などを考慮し、これらの学科を廃止することとした」とし、「ヨーロッパ語文学部定員90人のうち40人は文化コンテンツ学科に割り当て、残りの定員は専門分野が近い学科に配分した」と語った[55]。

　しかし、廃止された学科の学生と教授は、当然ながら強く反発した。文献情報学科のある教員は、「就職率だけを重視し学問の重要性を無視すると、形だけの総合大学になる。学生、教授双方に被害を与える構造調整という横暴は中断されなければならない」と語った[56]。また、ドイツ語ドイツ文学科の教員は、文学専攻の教員が産業関連の学科で適切に講義、研究することができるかどうかは疑問であり、長期的にみて学

生、教授の両方に不幸なことだと述べた[57]。またロシア語ロシア文学科の学生の一人は、「学科廃止の決定の際、学生の意見は全く無視された」[58]と語った。

　そして、清州大学の構造調整はこれだけに留まらなかった。学内紛糾がさらに激化する中、社会学科の廃止が断行されたのである。学生や教員にとってショックだったのは、社会学科の廃止の知らせが大学当局ではなくマスコミを通じて知らされたからである。しかし、批判の最も大きな理由は、社会学科の就職率が全国の社会学科の中で５位を占めるという実績があるだけでなく、メンター・メンティー制度を運営するなど以前から努力してきたからである。

　それにもかかわらず大学当局は、社会学科が学内の構造調整評価で最低評価を３年連続受けたことを理由に廃止を決定した。学内の構造調整の評価指標は、就職率、定員充足率、中途退学率、新入生の入学時の成績、学生の満足度、教育部の研究支援事業への参加度などで構成されている。こうした指標に基づく評価において、社会学科は62学科中61位だったのである。

　その理由は、新入生の入学時の成績と教育部の研究支援事業への参加に関する指標の比重が高く設定されており、社会学科はこの２つの指標について著しく劣っていたのである。社会学科のある教員は、「教育において入学段階のインプットよりも卒業する時のアウトプットが重要なのに、清州大学は新入生の入学時の成績を最も重視し、評価している。また、社会学科の場合、理工学分野と違って外部の研究事業費を獲得するのが難しい現実があるのに、これら二つの指標の点数が他の指標に比べて圧倒的に高いため、廃止の対象になった」[59]と不満を漏らした。こうした批判が高まる中、社会学科の教員と学生たちが大学本部前にテントを張って座り込みを始めると、その様子を多くのマスコミが取り上げるようになり、その結果大学のイメージは悪化してしまったのである。

　しかし、ここで疑問が一つ浮かぶ。学内紛糾が生じたのは中央大学と同じであったが、政府の構造調整評価において中央大学が優秀な評価を得た一方、清州大学は以前から自発的に構造調整を実施していたにもか

かわらず、なぜ財政支援制限大学に指定されたのであろうか。

　その理由は、第一に、学事運営指数を除く教育費還元率や就職率、専任教員確保率、奨学金支給率、授業料の負担軽減などの指標で低い評価を受けたことにある。特に、3千億ウォン（300億円）に近い積立金を積んでいたにもかかわらず奨学金支給率が他大学よりも低かったことと、専任教員の確保率が全国最低レベルだったことが響いた。専任教員確保率が低かったのは、近年の就職難のあおりを受けて卒業を猶予する学生が増えた結果、在学生率が上昇し、相対的に比率が低くなったのである。在学生が増えるような場合、教員を新たに採用する手段が考えられるが、清州大学の場合、今後さらなる学科の廃止が念頭にあったため、教員の新規採用は見送ったのである。

　第二に、政府の大学構造調整学評価に対する準備不足である。他の大学間では、政府の評価に関する情報について事前に収集し、共有することが行われていた。しかし、清州大学はこうした努力を怠ったため、低い評価を受ける結果になったと思われる。

　第三に、学内統治の問題である。すなわち、ステークスホルダー間における葛藤混乱の激化が問題視されたことである。大学構造調整の評価結果が発表されると、清州大学の同窓会はキム・ユンベ総長と役員に対して辞任を要求したが、時すでに遅しであった。

　こうして厳しい状況に置かれた清州大学は、緊急対策会議などを開催して対策に乗り出したが、これまでのところ成果は出ていない。大学に残されている選択肢は、財政支援制限大学の指定を素直に受け入れるか、あるいは定員削減計画を策定して教育部に1年間の猶予を求めるかの二つしか残されていないが、どちらを選んでも状況は好転しない。財政支援制限大学の指定を受けると、大学のイメージ悪化は避けられず、入学志願者がかなり減ることが予想される。それだけでなく、地方自治体や民間企業からの支援も受けることができなくなり、大学は経済的に大きな打撃を受けることになる。

　一方、定員削減計画の策定を通じて財政支援制限大学の指定の1年間猶予を願った場合、清州大学は480人の定員削減を迫られる。その場

合、授業料収入の減少は約25億〜28億ウォン（2億5千万円程度）に上ると予想される。また、すでに語学系の多くの学科が廃止されて学内の反発が続く中、さらなる学科廃止や統廃合は困難である。このように、清州大学は非常に厳しい局面に立たされている。

　現在、清州大学は、財政支援制限大学というレッテルが貼られ、「下位圏大学」、「不良大学」というイメージが広がり、10年前までの名門私学としての面影はない。その原因を端的に表すなら、教育・研究に対する投資の欠如、そして説明責任を果たさない経営陣の独断的な意思決定にあると言える。このような清州大学の失敗の原因をふまえてみると、統廃合の対象となる学科の構成員に対して誠実な説明責任を果たすことが重要であると思われる。一方的に学部学科の廃止を伝える「奇襲作戦」は、ワンマン経営者が取りがちな手段だが、問題をより複雑かつ深刻な状態に陥らせるだけである。

第3節　文化を軽視する大学経営：大眞大学

　2014年4月14日付の『京畿新聞』に「踏みにじられた純粋な音楽」と題する記事が掲載された。大眞（テジン）大学[60]が大学構造調整の一環として音楽学部を廃止することに対し、反対派の学生たちによる大学本部の占拠・籠城を伝えるニュースであった。
　大学構造調整政策において、芸術系の学部は常に構造調整の対象となる傾向がある。というのも、重要な評価指標の一つである就職率が低いからである。芸術系学部の学生の多くは、卒業後一般企業に就職するのではなく、フリーランスとして仕事に就いている。こうした就業形態は、就職率の集計に反映されにくく、芸術系学部の就職率は低くなりがちである。それにもかかわらず、多くの大学は文化的な活動の価値を認め、維持することが大学の責務であるという認識のもと、芸術系学部の維持に努めている。しかし、大眞大学がピアノ、管弦楽、作曲、声楽の各専攻から構成される音楽学部を廃止した。そして、その廃止の理由が「就職率、定員充足率、教授の研究実績などを総合的に判断した結果」[61]だと言う。
　ただ、大眞大学の音楽学部の廃止を巡っては、一つの疑惑が生じていた。音楽学部の廃止は既定路線であり、その理由を後づけするために就職率が低かった年度の指標だけを恣意的に抽出し、活用したという疑惑である。これを聞いた音楽学部の学生たちは、非常対策委員会を発足させ、学部廃止の不当を訴え、廃止の撤回を要求するデモを展開した。中国に滞在していた総長との面会を求め、学生側が大学本部を占拠して大学機能を麻痺させると、総長はようやく面談に応じたのである。総長側は大学の生き残りのために学部廃止は不可避だとする一方、学生側は最低限の定員削減の代わりに学部廃止の回避を主張し、両者の主張は平行線をたどった。その後、学生デモは保護者も巻き込みつつ学外でのデモへ発展したが、結局音楽学部の廃止撤回を実現することはできなかったのである。

それでは大眞大学の音楽学部廃止の真のねらいは何だっただろうか。一言でいえば、人件費の削減である。音楽学部の場合、レッスン形態の実習は、基本的に講師と学生の１対１となる。そのため、他の学部と比べて多くの講師や教授陣を雇用する必要があり、財政的負担が大きくならざるを得ない。大眞大学は、構造調整の一環として大学運営の人権費を抑制するため、音楽学部を廃止したのである。しかし、この措置は、単に費用対効果で判断すべきでない音楽の文化的価値を無視するという本質的な過ちを犯している。新自由主義的な理念に基づく大学経営は、文化に対する尊重だけでなく、芸術を愛する多くの若者たちの夢をも失わせたのである。

　ここで一つ注目すべきこととして、構造調整に失敗した大眞大学、中央大学、清州大学の３つの大学に共通する点がある。それは、学部学科の廃止の過程で当該学部学科の関係者に廃止を一方的に通知するなど、説明責任を果たす姿勢が全く見られないことである。大学当局にとっては、廃止を決定事項として一方的に知らせることの方が安易な手法に思える。しかし、その後の学内で生じる混乱、紛糾を考慮するならば、事前に丁寧な説明と関係者との合意形成に努めることのほうが後遺症が少ないと認識すべきである。構造調整に失敗したこれらの大学は、大学という空間に内在する民主的価値を尊重し、相互理解の機会を重ねる配慮の欠如が問題であったと言える。

〈注〉
53）http://www.hani.co.kr/arti/society/society_general/688378.html
54）『中大新聞』「中央大の現実を見通す20年後の未来を設計する」（2014年８月31日）
55）清州大学の大学本部関係者への聞き取り調査（2015年10月18日）
56）清州大学の文献情報学科教授K氏への聞き取り調査（2015年10月19日）
57）清州大学のドイツ語ドイツ文学科教授L氏への聞き取り調査（2015年10月19日）
58）清州大学のロシア語ロシア文学科の学生J氏への聞き取り調査（2015年10月19日）
59）清州大学の社会学科教授M氏への聞き取り調査（2015年10月19日）
60）大眞大学は、1992年の新興宗教である「大巡眞理会」が設立した私立大学である。
61）大眞大学の本部関係者への聞き取り調査（2015年10月20日）

第5章

大学経営と生き残り戦略

第5章　大学経営と生き残り戦略

第1節　大学運営の透明性の確保

　大学構造調整政策による定員削減が進む中、政府財政支援の制限措置を受けた大学の中には経営困難を来しているものがあるが、大学経営陣が様々な不正（横領、学生選抜や教職員採用時の不正、学務運営上の不正）に手を染める事例も生じてきた。そのため、大学運営の透明性を確保するため、各種情報を公開させることで、客観的で公正な大学評価の土台を作る必要性が課題として浮上した。大学の情報公示制度をより充実させることで、総長や学校法人理事長などの組織運営の健全性を確保することが重要となったのである。実際、大学構造調整に失敗した大学に共通する問題点として、独断的な運営や経営陣の不正を指摘することができる。本章では、大学が社会的公共財としての役割を果たすため、客観的な評価によって大学の組織運営の透明性の確保することの重要性を考察する。

1．大学運営の透明性の確保

　私立大学の意思決定に影響を及ぼす要因は、大学と政府との関係、大学と学校法人との関係、大学の内部組織の3つがある。今回の大学構造調整において、前章で紹介した失敗事例の原因となったのは、意思決定の際の学校法人理事長と総長の独断的な振る舞いである。特に、教育と研究にかかる財政運営の権限を持つ学校法人理事長と、教育と研究に関連する内容の権限を持つ総長に起因する問題が多い。具体的にどのような問題が浮き彫りになったのか、以下で詳しく検討する。

第一に、学校法人に内在している構造的問題である。私立学校法第9条は、学校法人は私立大学に関する包括的な権利と義務の主体であると規定している。すなわち、私立大学の自律性の主体は大学ではなく法人である。この規定に内在する問題は、憲法に保障されている学問の自由と教育の自主性及び大学の自律性が、学校法人からの制約を受ける可能性があることである。つまり、大学の自律性の程度が学校法人の影響力の行使如何によって決められることを意味する。実際、学校法人は人事権、財政権など主要な権限を持っている。したがって、私立大学の運営は学校法人理事会の意に沿って一方的に行われる危険性を内包しており、時として韓国の私立大学の公共性を脅かす要因となっている。

　しかし、より深刻な問題は、オーナー一族によるファミリービジネスの閉鎖的な構造である。韓国では大学オーナーによる各種不正が慢性的に発生しているのだが、教育部の調査によると、18大学でオーナー一族の属性を持つ者が1人以上理事を務めている。また、国会の国政監査報告書でも、4年制大学でオーナー一族が理事長又は理事、教職員を務める大学が141校中91校あり、その人数が合計297人に上ることがわかった[62]。

　もちろん、オーナー一族の教職員がその能力を認められて採用されているのであれば大きな異議はないかもしれない。問題は、一族の影響力が直接的にも間接的にも組織内の運営に及ぶことである。例えば、学内の各種工事にかかる入札において、一族の職員が利権に絡んだケースもあった。このように、オーナー一族が運営に関わる大学組織は透明性を確保することが困難な構造的問題があると言わざるを得ない。

　こうした問題を予防するためには、大学の公共性の強化が必要である。そのためには、学校法人理事会の権限を分散させ、私立大学の意思

表8）大学オーナー一族の勤務状況

学校法人				大学						計
理事長	理事	職員	計	総長	副総長	教員	職員	その他	計	
50	57	4	111	37	3	83	62	1	186	297

決定を民主化しなければならない。例えば、学生や教員、地域関係者を大学運営と意思決定の過程に参加させることで透明性を確保することが考えうる。それにより、理事会の専制主義に対する牽制と監視を強化し、昨今問題となっている各種不正のを未然に防止することも可能となる。また、長期的には大学経営を専門とするCEOの育成にも力を入れる必要があるだろう。そのためには、大学関連団体は大学経営の専門家の育成に取り組み、こうした人材を理事会に送り込む努力をしなければならない[63]。

学校法人運営の透明化という点では、保護者や学校の利害関係者が理事会の経営責任、不正行為を追及するため、株主代表訴訟のような制度を導入することを検討する必要がある[64]。これらの訴訟を通じて、例えば学校法人の校費の横領などの不法行為の責任を追及できるようにする。こうした予防措置の整備は、大学の自主性と透明性の確保につながるであろう。

さらに、総長機能に内包される問題がある。私立大学の総長の機能は、大学のビジョンを示し、大学の価値を高め、大学の発展に必要な財源を確保して適切に配分することである。韓国の大学では、伝統的に総長を中心とした中央集権的構造が形成されており、大学の一般的な学務運営について総長の裁量の幅は非常に広い。しかし、こうした意思決定システムには非民主的な要素がある。実際、大学構造調整の過程では学部・学科の特殊性を考慮しないまま、総長の独断により学部学科の廃止が行われることもあった。こうした構造的な問題を解決するために、総長の職務と役割、権限と責任を明確化する必要がある。すなわち、総長が意思決定と執行の全権を有する従来の意思決定構造を見直し、総長やその他の大学構成員が参加する合議制の意思決定機関を設置するとともに、総長の権限の一部を各部局に移譲することも必要であろう。

さらに、総長の選出については、推薦と公募で候補者を定め、大学の構成員全員による直接選挙が理想的であろう。現状では、私立大学総長の多くが学校法人によって任命されており、総長の適切な権利の行使を妨げている。そのため、学校法人による一方的な総長の任命制度を廃止

するとともに、総長の独立性を確保するために学校法人と総長の役割と権限を明確にしなければならない。すなわち、理事長は大学運営に関する審議、議決権を持つ一方、総長は学校運営と大学の予算・決算に関する全権を担わなければならない。また、学校法人は大学の行財政や経営に関する総合的な情報に責任を負い、大学、特に各教員は教育と研究の責任を負わなければならない。そして、総長は教員の教育と研究の自主性を保障する責任を担わなければならない。

このように、学校法人と総長の既存の役割と権限を見直し、それぞれによって独断的な大学運営が行われないようにするとともに、その権限の適切な行使と濫用防止の制度的な整備が必要と思われる。

2．大学情報公示の見直しと公共性の確保

大学の情報公示制度とは、大学の各種情報についてインターネット等を通じて国民に公開する制度である。同制度は、教育部が2004年12月28日に「大学構造改革方案と財政支援策」の一環として導入を発表し、2008年から本格的に施行されている。その目的は、受験生やその保護者、企業などが大学の就職率や教員確保率、定員充足率、中途退学率などの情報に基づき当該大学を評価し、大学選択や新卒採用の際の参考資料を提供することである。また、大学教育の質の向上のため、大学間の競争を誘導することも意図された。

大学情報公示制度の運営には、主務省庁である教育部と総括管理機関である韓国大学教育協議会傘下の大学情報公示センターのほか、情報項目別に管理機関が関わっている。教育部は、大学情報公示制度の基本計画の調整や承認、総括管理機関と情報項目別の管理機関の指定業務を行う。大学情報公示センターは、制度の実施計画や実態調査、評価報告書作成業務などを行う。情報項目別の管理機関として韓国教育開発院は、定員充足状況や就職率の管理などを担当する。韓国教育学術情報院はオンラインを通じた講義の公開実績や遠隔講座の現状分析など、韓国私学振興財団は私立学校および団体の会計や校舎施設、寄宿舎の受け入れ状

況など、韓国研究財団は専任教員の研究実績と産学協力の現状把握、韓国奨学財団は授業料の状況把握や奨学金の支給状況の分析など、韓国職業能力開発院は学校の発展計画と特性化の現状把握について、それぞれ所管している。各情報は大学情報公示センターに集められ、統合的に検索可能な状態に整えられて公開される。

　大学の情報公開の法的根拠について整理してくと、「公共機関の情報公示に関する法律」第7条は「公共機関は次の各号のいずれかに該当する情報について、公開の具体的な範囲と公開の周期・時期及び方法等をあらかじめ定めて公表し、これに基づいて定期的に公開しなければならない」と定めている。そして、「教育関連機関の情報公示に関する特例法及び同法施行令により、14領域62項目について、年間1～2回の更新及び公開が定められている。これらの情報は、大学情報に関する総合サイトである「大学アリミ」（www.academyinfo.go.kr）で公開される（表1参照）。

　そのほか、「私立学校法」は理事会の議事録や予算と決算、役員の個人情報を法人ウェブサイト等での公開を義務付けているほか、「高等教育法」も予算及び決算、授業料に関する審議委員会の議事録、教育及び研究、組織及び運営、施設・設備等の自己点検・評価に関する内容の公開を定めている。これらの制度により、志願者側にとっては大学や学科の選択が容易になるほか、企業にとっては優秀な人材の発掘と採用の一助となる。また、政府は、公開情報を活用して合理的な高等教育政策の策定を通して、大学教育・研究の質を向上させることができる。さらに、大学は運営の透明性を高め、教育の成果に対する責務を強化できる。特に、就職率や定員充足率、専任教員確保率、教育費還元率、学事管理、教育課程運営、奨学金支給率、授業料の負担軽減といった指標は、社会的な評価でもっとも活用される項目である。つまり、情報公示制度で優れた成果を示すことができれば、様々な場面で大学の質的優位をアピールできる。

　しかし、現行の制度にはまだ課題が多い。第一に、公開内容の水準が統一されていない。例えば、私立大学予算の場合、その算出根拠の基準

が定められていないため、大学間での比較が不可能である。また、決算書での算出根拠の明示も義務付けられておらず、同一大学の予算と決算間の比較すら難しい。さらに、理事会の議事録も公開が義務付けられているが、その公開内容は最小限に抑えられており、大学ごとの差が大きい。新任教員の採用に関する議事内容についても公開している大学はごく一部に過ぎない。すなわち、大学構成員とって敏感な事案は、議事録自体公開しないよう、理事会から圧力がかかっているのである。

　第二に、公開期間が短い項目がある。「私立学校法」が公開を義務付ける理事会の議事録は、会議開催の日から10日以内に大学ウェブサイトに3カ月間掲示される。しかし、公開期間が終了した議事録の閲覧は困難である。というのは、たとえ教職員や学生、その保護者であっても、閲覧のための請求書を作成、提出するなど、所定の手続きを踏まなければならないだけでなく、その請求が認められるとは限らないからである。大学運営の透明性の確保には、場合によっては数年間の理事会議事録を分析することが必要であるが、それもままならないのである。

　こうした問題を解決するためには、公開情報を大学間で比較できるよう、統一された基準を整備する必要がある。現在、韓国大学教育協議会など8つの関係機関は13の情報項目について所管しているが、その内容は膨大であり、毎年の管理費用も増加している。

　また、情報公開のガイドラインが毎年のように変更されるため、それへの対応も負担だが、それだけでなく、各大学別のデータ管理が標準化されていないため、ガイドラインそのものもあいまいに策定されており、大学間比較を妨げている。より効果の高い情報公開制度の構築のためには、こうした問題の解消が喫緊の課題であろう。同時に、学生や企業の需要を反映させることで、より充実した制度になるだけでなく、社会的な合意を踏まえた制度として認識されうる。そして、情報公示制度が正常に機能すれば、構造調整の過程で発生する学内の葛藤も抑制される可能性もあろう。

第2節　大学の収益事業の推進

　学校法人は、大学運営に必要な財源を確保するために収益用の基本財産を保有し、教育に支障のない範囲内で収益事業を行っている。「大学設立・運営規定」第7条及び「私立学校法」第6条に定められた条件を満たしつつ、事業の目的や規模を拡大することも可能である。また、「産業教育振興と産学協力の促進に関する法律」は、学生及び教員の現場実習教育と研究の支援や技術移転の促進を目的に、大学内での企業の設置・運営について定めている。

　しかし、同法に基づく大学内企業の業績は微々たるものである。その理由は、大学における専門的な人材や事業運営に関するノウハウが十分に形成、蓄積されていないことにある。また、事業の土台となる教育と研究にも十分な投資が必要であるが、未だ多くの大学では上述のような専門性が不足しており、大規模な投資に及び腰である。以下では、収益事業をめぐる問題点を踏まえつつ、事業の活性化の取組を紹介する。

1．大学の収益事業の形態と課題

　大学が行っている収益事業を類型別に分類すると、次の4つの形態に分けられる。第一は、不動産賃貸業で、最もよくみられる形態である。不動産賃貸業は、建物や土地を貸し出す事業であるが、収益率が低いという問題点がある。代表的な事例が、都市部から離れた郊外のキャンパス内に多くのビルを建てたものの、借り手が見つからないケースである。その結果、土地や建物の維持費だけが増え、それらが財政を圧迫するのである。これを解決するためには、キャンパスの都市部移転あるいは郊外キャンパスの売却が効果的であり、教育部も構造調整政策の一環として地方に第2のキャンパスを置くソウルの大学に地方キャンパスの整理を促している[65]。

　第二は、保健医療と社会福祉関連の収益事業である。大学の保健医療

及び社会福祉事業の代表的なものは、病院経営である。その資本金対比の純利益率は平均25.92％に達しており[66]、韓国の銀行の定期預金金利が３％台であることを勘案すれば、非常に良好な収益率を維持している。しかし、人口減少が顕著な地方の私立大学付属病院の収益が減少していることを考えると、より戦略的な措置が必要である[67]。

　第三は、購買事業や食堂事業などである。例えば医療用品や葬儀や葬儀用品の販売、学生・教職員食堂、コンビニ、オリジナルグッズの販売などが代表的である。これらの事業の平均純利益率は98.6％に達しており、大学が運営する事業の中では非常に高い部類に入る。

　第四は、教育サービス業関連の事業である。例えば、インターネット教育事業や外国語教育に関する事業などがある。平均資本金に対するそれらの純利益率は34.2％にする。大学にとっては教育機関本来の事業との関連性が高いため、教育サービス業を当該大学の特性に合わせた戦略事業として積極的に展開する傾向がある。

　こうした大学の収益事業には、さらなる成長の可能性を潜めているものもある。しかし、問題は、大学自身が収益活動に消極的な姿勢を示していることである。大学が積極的な姿勢に転じるためには、さらなる環境整備が必要だが、先だって次のような課題が考えうる。第一に、専門人材の確保である。収益事業の中には、大学本来の機能とは根本的に異なるものがある。端的に言えば、一般企業の事業と変わらない。こうした事業に関わった経験が少ない大学教職員が収益を確保するのは無理な話である。したがって、収益事業にあたっては、一般企業での経験と知識を積んだ人材を確保することが望ましい。但し、学校法人の関連企業や利害関係のある企業からの「天下り」は避けるべきであろう。

　第二に、「産業教育振興と産学協力の促進に関する法律」に基づく産学持株会社を学内に設立することである。2011年の法人化以降、自主的な資金確保が重要な課題となったソウル大学は、外部から専門の経営者を産学持株会社のCEOとして迎えている。このような事例を踏まえると、私立大学も収益モデルを作るために産学持株会社をより積極的に設立し、経営の専門家を採用すべきであろう。

第三に、「ベンチャー・インキュベイティング」などの支援システムを確立する必要がある。ベンチャー・インキュベイティングシステムは、大学の研究成果を収益事業へ転換するものである。実際、いくら起業を促したとしても、ベンチャー企業の支援システムがない状況では積極的な起業には結びつかない。したがって、大学の特性化の一環として起業プログラムを展開する際には、産業教育振興と産学協力の基盤とするベンチャー起業家支援プログラムを推進することが重要であろう。
　以上をまとめると、大学が収益事業を円滑に推進するためには、収益事業担当の専門人材を採用するとともに専門の担当部署を設置し、長期的な視野で投資を進めることが必要である。さらに重要なのは、過去のように教育部の財政支援と学生の授業料収入に依存して運営しようとする発想を大学が捨てることである。すなわち、大学自身が運営体制を能動的に変え、収益を確保し、その収益を学生と社会に還元する視点を持つことが本質的な解決方法である。

２．私立大学の収益事業の実態と課題―不動産事業を中心に―

①大学の収益事業として不動産開発

　韓国の多くの私立大学学校法人が所有している基本財産のうち、不動産が占める割合は73％に上る。このうち、土地が占める割合は50％を上回る。しかし、不動産を活用した年間収益率は約４％台にとどまっている。特に林野に相当する土地の収益率がほぼ皆無であることを考えれば、韓国の学校法人が所有する不動産の資産運用の収益が低いのは当然である。では、建物はどうか。建物の場合、土地とは対照的にほぼ60％に近い年間収益率をあげている[68]。しかし、これも一般企業の収益に比べるとかなり低い水準である。その根本的な理由は何であろうか。それは、素人による資産運営であることと、過去の運営方法をそのまま踏襲する慣習的な方法（rule of thumb method）で管理しているからである。その結果、多くの私立大学では客観的な分析や科学的原理に基づく資産運用は行われてこなかったのである。

韓国のほとんどの私立大学は、寄付者の金銭の出捐による設立ではなく、土地など不動産の出捐による設立が一般的であった。また、学校法人の設置時に必要な収入用基本財産のほとんどは、不動産として指定されていた。このような歴史的経緯から、韓国の私立大学の多くは不動産を比較的多く保有し、その不動産の貸与により収益を得ようとしてきた。しかし、多くの大学が不動産運用に取り組んでいるが、前述のとおり収益率はあまり高くないのが現状である。その原因を探るために、いくつかの不動産事業モデルの内容を検討してみる。

　第一は、最も多く見られるケースとして、不動産開発事業があげられる。具体的には、政府によって授業料の上限措置がとられて以来、私立大学は授業料収入の減少分を補うため、保有する不動産の開発に乗り出した。最初に取り組んだのがキャンパスを効率的に利用するための敷地の拡張と再開発であった。例えば、郊外キャンパスのソウル移転や、都心での新しい校舎や施設の建設である。また、産学連携を掲げて大規模な産業クラスター地区に大学の研究団地を造成したり、国際化に合わせて海外不動産を購入し、海外に研究施設を拡充したりした。さらに、郊外に広大な土地を所有する大学の中には、ゴルフ場やリゾート関連の企業とパートナーシップを結び、開発を進めたものもあった。

　第二は、第一の事例と重なるが、ソウル市内のキャンパスの再開発である。従来、ソウルに位置する大学は、教育・研究施設を拡充したくとも高い地代のために新たに土地を確保することが困難であった。そのため、政府とソウル市は市内建築物の高さ制限を緩和し、大学建物の高層化を促進した。同時に、高層化が難しい場合は地下の開発を促すなど、各大学の事情に合わせて開発支援を開始した。例えば、西江大学や国民大学、梨花女子大学は、施設の不足解消と駐車場不足の問題を解決するため、大規模な地下施設の開発を行った。

　上記のような動向を踏まえると、私立大学の不動産開発は郊外キャンパスの都市部への移転、高層化と地下化を基本とするキャンパスの再開発という方向へ展開していることがわかる。もちろん、都市部にキャンパスを集中させることは、学生募集にも効果的である。そして、残され

た郊外キャンパスの跡地の多くは、企業に売却され、ゴルフ場やホテルリゾート、社会福祉施設（高齢者施設や病院など）に活用されている。

②大学の不動産開発における諸問題

　財政の安定の手段として、大学が保有する不動産を開発する動きが広がる中、そこにはいくつかの問題がある。

　第一に、不動産開発の専門人材の不足である。私立大学が不動産開発を進める際、最初に直面するのは誰がこの事業を担うのかということで、事業の成功を左右する最も重要な問題である。最近、いくつかの大学では、外部の専門家を招聘して不動産開発を任せることや、AMC（Asset Management Company）を設立して企業出身の専門家と大学内で選抜された人材が協働で取り組む仕組みを作るなど、人材確保の課題を克服しようとしている。

　第二に、開発資金の不足である。これは多くの私立大学に共通する問題でもある。この問題を解決するために、最近、多くの大学は民間資本の誘致に関心を抱いており、実際に動き出している。しかし、民間資本の誘致方法として実施されているBTL（Build Transfer Lease）方式とBTO（Build Transfer Operation）方式を推進する際の注意点として、大学側にも相応の経済的負担があることは忘れてはならない。

　第三に、不動産開発に必要な許認可等の規制の問題である。一般的に、大学は非営利的かつ公共的性格が強いことから、所管庁は営利的目的の不動産開発事業に対して厳しい姿勢をとることが多い。そのため、不動産開発許認可の際に規制がかかることがしばしばある。事業の長期化や中止もありうるし、場合によっては追加の費用が発生して大学財政を圧迫することもある。したがって、事業計画の策定に着手する段階において、関連する法律、行政分野の専門家を確保し、行政的手続きを慎重に進める必要がある。

　第四に、理事長や総長など経営陣の責任性を明確にすることである。責任の所在があいまいなまま事業を進めると、計画の安易な変更などがありうる。また、大学の構成員に対する説明責任を果たし、学内の葛藤

を防ぐためにも重要である。

　次に、実際の不動産開発事業の失敗事例を見てみよう。中央大学は、2011年、大韓赤十字社（日本赤十字社に該当する）設立の赤十字看護大学を吸収合併し、赤十字看護大学帰属の700億ウォン（約70億円）相当の不動産を売却して利益を得たことで注目を集めた。もともと中央大学は、医学部と看護学部の強化戦略として赤十字看護大学を吸収したと思われていた。

　しかし、中央大学が赤十字看護大学所有の一等地を合併後すぐに売却したことが知られると、合併目的が不動産目当てだったのではないかという憶測と批判が広がった。もちろん、中央大学はこれを否定したが、この問題が国会で取り上げられると、国民の寄付で設置された赤十字看護大学の不動産を私立大学が勝手に売却することは不当である、という批判が益々高まった。野党議員からは教育部の責任を問う声もあがったが、これに対し教育部は、大学同士の自発的な協力によって行われた統合を政府が規制することはできなかったと弁明した。

　しかし、こうした説明も社会の反発を増す遠因となり、中央大学のイメージを大きく損なった。もし、中央大学が当該土地を医療施設または医療に関連する収益用施設として活用したならば、これほどの批判には晒されなかったであろう。利益追求のあまりにも短期的な視野に基づく失敗事例である。いずれにせよ、大学の不動産開発事業では、社会的かつ倫理的規範を踏まえた事業の推進が大切であると思われる。その点について大学は企業よりも一層心に留め置く必要があろう[69]。

第3節　大学のマーケティング戦略

1．マーケティングの必要性

　一般的にマーケティングの目的は、顧客を満足させるサービスを創出し、これを提供することで企業の利益を図ることである。しかし、近年、環境の変化に伴い競争が激化する中、営利企業だけでなく、非営利企業もマーケティング活動を重視するようになった。そして大学も、18歳人口が減少する中で生き残りをかけて優秀な学生をより多く確保しなければならない（ユ・テヨン＆イ・ジョング1997）。こうした大学間の競争が激化する中で注目され始めたのが、「大学マーケティング」(University Marketing) である。

　大学マーケティングは、韓国の大学ではあまり馴染みのない言葉で、大学を一般企業のようにマーケティングする発想自体に拒否反応が示されることもあったが、近年は徐々に広まりつつある。1976年にアメリカの経営学者フィリップ・コトラー（Philip Kotler）が入試に関する文脈で「教育マーケティング」あるいは「教育サービスマーケティング」という言葉を用いると[70]、以後この概念は広く使われるようになった。韓国では「大学マーケティング」という表現が用いられるようになったが[71]、その要点は大きく二つある。第一に、学生や地域社会、企業などのニーズを満たすことに重点を置くことである。第二に、マーケティングミックスを通じて需要者の意思決定に影響を与える要因を把握することである。その上でマーケティングを適切に活用し、大学のイメージを向上させることに主眼を置く。

　かつて18歳人口が募集定員を上回っていた時代において、大学は何もしなくても志願者を集め、厳しい選抜を通して優秀な学生を獲得することができた。しかし、今日では大学に進学する必要性すら疑われる時代になり、大学は自らの価値を積極的にアピールしなければならない。

韓国では、こうした状況の変化を「学生選抜の時代」から「学生誘致の時代」への変化と表現し、優秀な学生獲得のための大学マーケティングが必要とされている。実際、経営学の歴史を振り返ると、製品の需要と供給のバランスが崩れた時代にマーケティングの理論が発展してきた。この点に注目すると、大学入学志願者（需要）と募集定員（供給）のバランスの崩れは、大学マーケティング時代の到来を意味していると言っても過言ではないのである。

２．大学マーケティング戦略のプロセス

　大学が受験生に対して自らの価値や魅力を発信する大学マーケティング戦略は、どのように展開されるべきか。理論的には、大学はまず、自らが置かれている状況を客観的に分析し、その上で具体的な目標を設定してその実現を目指すことになる。もう少し具体的にそのプロセスをみてみよう。

　大学は、まず主な対象として想定する受験生のニーズを把握し、競争力を最大限発揮できる市場でのポジショニングを定める必要がある。この一連のプロセスは「マーケティングミックス戦略」と呼ばれ、次のような段階を踏む。第一に、「市場の細分化」が行われる。マーケティングでは、市場を多様なニーズが集まる場と捉え、いくつかの集団に分類する「市場の細分化（market segmentation）」を行う。この手法を大学マーケティングに応用すると、大学は志願者たちの興味に応じて専門分野を細分化し、教員の配置もそれに合わせて再編する。細分化されて各分野の教員は志願者に対して組織的にどのようにアプローチするかを工夫する。

　第二に、アプローチすべきターゲットの潜在的なニーズを把握するために定量的分析を行う。そして、その分析結果に基づき教育プログラムとサービスの内容を検討するとともに、それらが当該大学で提供可能かどうかを検討する。場合によっては、保有する人的・物的資源の再構成などを行う必要も出てくるであろう。

第三に、高等教育市場における大学のポジショニングである。大学が潜在的なターゲット（志願者）を定めると、市場で競合する大学よりも優位な位置に立つ必要がある。例えば、大学特性化の成功事例として紹介した成均館大学は、学校法人の背後に財閥企業であるサムスンがいることを大学のイメージ戦略に活用している。受験生も、サムスンが大学を支えているという期待感を持って志願するのであるが、実際、このような志望大学の選択方法は拡大しているという。

　第四に、大学マーケティングミックス戦略において最も重要なのは、競合する大学との差別化を図るため、どのように体系的な戦略を立てるかである。戦略の策定にあたっては、主な要素（表9参照）に基づいて大学のターゲットやニーズに合致する教育サービスと環境の整備を考慮しなければならない。

　上記の諸要素の中で、大学イメージの形成にあたって重要なのが教育・研究・運営に関わる人材である。今日、大学の質と競争力を左右す

表9）大学マーケティングミックス戦略の主要要素[72]

大学マーケティングミックス要素	要素の性格	細部要素
サービス	施設	校舎、図書館施設、実験・実習機材、福祉施設（寮、体育館）
	教育プログラム	専門学科、教育課程の内容、教員数、教員の資質、地域社会における奉仕活動
	就職指導及び大学の努力	就職率、企業と学校間の連携、就職相談サービス、サークル活動、大学の中長期発展計画策定、国際化の努力
財政	教育財政	授業料、奨学金、寄付金、学校法人の出捐金
利便性	立地、教育伝達体系及び自然施設	大学の位置、遠隔講義（パソコンのネットワーク利用）、講義支援施設（自動化施設など）、大学のイメージ
IT・コミュニケーション	情報化	図書館ネットワーク設置、教育と行政業務のIT化、学校のIT化
	コミュニケーション	保護者、大学関係者の高校訪問、教員との対話、新聞広告、雑誌広告、テレビ広告、広報物

る最も重要な要素は教員と職員である。これまで受験生は大学を知名度で選ぶ傾向があった。今もその傾向は少なからず続いているが、情報公示制の定着とともに、上位層以外の大学については志願者の適性や能力と学科の関係、所属の教員などを参考にしつつ進学先を選ぶようになってきた。また、施設もますます重要な要素となっている。所得水準の向上により快適な環境で育った学生たちの多くは綺麗で便利なキャンパスで4年間を過ごしたいと思っており、大学にとって施設への投資も重要なマーケティング戦略の1つである。

そのほか、知名度が低い大学は学生募集のためにより一層広報活動に力を入れている。かつてはテレビやラジオ、新聞などの媒体を通した広告が一般的であったが、近年のSNSの普及に伴い広報の方法も多様化している。また受験生も、かつてのように大学の広告イメージに惑わされることなく様々な媒体を通じて大学に関する情報を収集している。そのため、大学側も、大学の取組の実際を発信することが受験生や保護者の信頼を得るための最低条件となっている。逆に言えば、大学がテレビやラジオで抽象的なイメージを広告するよりも、教育や研究、社会貢献などの取組がマスコミやSNSで自然に注目されるよう工夫することが効果的ということである。

ただ、1つ注意すべき点として、スポーツ選手や有名芸能人を入学させて「広告塔」とする戦略に対しては慎重であるべきである。スポーツ選手など「著名学生」の活動を利用することは、短期的な視野に立ったマーケティング戦略であり、長期的には大学本来の機能である教育と研究に対するイメージの低下につながりうるだろう。

このように、大学はその存続のために差別化された教育と研究、就職などの教育成果、教育プログラムに対する優れた支援策の具体的内容など、明確なマーケティング戦略を確立しなければならない。例えば、慶熙（キョンヒ）大学は、漢医学部の伝統と成果を活用して漢方材料加工分野の企業を立ち上げ、漢方医学の発展の根幹となる教育・研究の基盤を構築した。この取組は同大学のマーケティング戦略の核の1つである。すなわち、志願者は「漢医学に強い慶熙大学」というイメージを再

認識して受験するのである。

　慶熙大学の事例のように、大学マーケティングは自らが長年取り組んできた特性化事業を踏まえて展開することが理想である。しかし、一部の大学では長期的ビジョンに立脚せず、当該年度の定員割れの防止という短期的な視座から受験生を集めやすいスポーツ推薦入試などを拡大させている。但し、こうした中身を伴わない大学特性化は大学評価で厳しく判定されている。最近、韓中（ハンジュン）大学は、サッカー部監督の横領や就職斡旋時の不正、教職員の給与の滞納、経営陣による校費横領などの様々な不正が明らかになるなかで大学構造調整評価の最低評価を受け、教育部から廃校命令を受けた[73]。特に大学の知名度向上を目的に強化していたサッカー部をめぐる不正は、大学のイメージ悪化の原因となった[74]。

　以上の内容を整理すると、真に価値のある大学イメージを形成するには、まず大学本来の教育と研究、それに加えて産学連携の強化が重要な課題であると言える。教育と研究の充実は、大学の「品格」を維持するための最重要事項であり、教職員や学生が共有できる大学のアイデンティティの形成につながっていくだろう。

第4節　大学構造調整のシナリオ

　第1周期大学構造調整の評価でＣ判定以下の低い評価を受けた大学は、次の評価に向けて多少の強硬策はやむを得ない対応の必要性に迫られている。しかし、学部学科の統廃合を通した定員削減を画策する大学運営側と教職員や学生との間の溝はなかなか埋まらず、計画は思うように進んでいない。学内の葛藤が顕在化した結果、大学運営や教育、研究の停滞も深刻になりつつある。以下では、可能な限り学内の葛藤や対立を避けながら構造調整を展開するための処方を検討する。

１．学科間の競争原理の活用

　政府の大学構造調整評価では、評価結果に基づき定員の削減が義務付けられる。しかし、こうした政府主導ではなく、学内の学科間競争を通して自主的かつ能動的に定員を削減する道を探る大学も一部にはある。
　筆者が聞き取り調査（2015年9月1日）を行ったある地方大学の担当者は、学部学科の統合と定員削減の際の最も深刻な問題は各学科からの反発であると語った。至極当然なことであるが、就職率などの指標に基づいて定員削減を行おうとすると、対象となる学部学科は強く反発するという。すでに紹介した中央大学の事例からも明らかなとおり、大学経営陣からの一方的な構造調整は学内に深刻な葛藤をもたらす。したがって、これもまたすでに述べたとおり、学内における調整が最重要課題となるのだが、その手段にはどのようなものがあろうか。
　大学特性化の成功ケースの1つである韓東大学では、学生は1年次に全員リベラルアーツ学部に在籍し、2年次への進学の際に学部学科を選択する。その際の学科間の競争原理を活用するのである。すなわち、学生に人気のない学科を「みえる化」し、それを口実に定員削減の対象とするのである。これには副次的な効果として、多くの学生の選択を期待する教員が教育に一層真剣に取り組むこと（本来は当たり前のことであ

るが）も期待できる。選択する学生が少ない学科の存在意義までを否定することはできないのだが、大学構造調整はその性質上、すべての関係者を満足させることはできない。最も尊重されるべきは学生の学習権であり、その保障には最善を尽くさなければならないだろう。

２．教職員のリストラ

　大学構造調整において最も強い反発がみられるのは、教職員の身分保障をめぐってである。大学評価の結果公表後に現場の教職員の話を聞くと、構造調整の必要性には共感しながらも、自分自身の職の存続に対する不安感は非常に強かった。これに対して教育部は、学科廃止に伴い失職する教員に対しては可能な限り多くの退職金を支給するとともに、同じ専門分野の教員採用があるときは退職教員を優先的に採用するよう通達した。また、大学職員には再就職プログラムを提供するとともに、再就職先を紹介する案も明らかにした。それにもかかわらず、実質的な解雇と何ら変わらない事実に対し、大学の教職員の不満の声は強まっている。

　ここで注目すべきことは、研究の継続性の問題である。当該教員が職を失うと、その研究も中断される。これは、場合によっては国家的な損失にもつながりうつ重大な問題である。したがって大学の構造調整は、単に大学やその定員の調整という問題にとどまるものではなく、研究活動の維持と衰退の防止にも注意を払わなければならない。この点からいえば、既存の大学構造調整政策における対策は、失職する教員の研究成果を考慮するという視点が欠けているように思われる。一般企業の目には大学の教職員だけが特別な待遇を受けようとしているように映るかもしれないが、高等教育が国家の競争力創出の源泉となりうることを勘案するならば、一般企業のリストラと性格が異なることを考慮する必要があるだろう。

　それでは、教員の失職に伴う保障や研究の持続には具体的にどのような対策がありうるか。例えば、韓国の学術振興財団で失職した教員を対

象とする財政支援事業を立ち上げ、日本の科学研究費に当たるような研究費や契約研究員の制度を整えることなどがありうる。契約研究員として月200万ウォン（約20万円）ほどの給与と、競争的な性格の研究費があれば、研究をある程度持続させることができるだろう。一方、職員の場合は、教育部関連の研究機関や文化体育観光部傘下の財団法人、地方国立大学などの事務スタッフ、自治体の生涯教育施設や社会福祉施設などの契約職として採用するほか、資格取得を目的とする教育給付金の支給や再就職支援プログラムの提供などにより、失職によって生じる弊害を最小限にとどめるよう努める。

　こうした措置により、失職した教職員に対する支援だけでなく、社会に貢献する研究の継続性を担保することができるのではないだろうか。大学構造調整が避けがたい現実を見据え、可能な範囲で教職員の生活と教育・研究の持続性を保障するシステムづくりに知恵を絞らなければならない。大学構造調整が実施されて以来、学内では自己保身の雰囲気がますます蔓延している。しかし、大学が本来進むべき道を歩むために大学構造調整が避けて通れないものであるならば、大学教職員の失職後に関する議論も積極的に行われてしかるべきであろう。

3．地域を超えた学部学科の連携

　政府の大学評価を受け、大学はどのような特性化事業を推進するか多くの悩みを抱えている。その中で、多くの大学が共通して抱えている問題は、既存の施設インフラと人的資源では新たな特性化事業を展開することに限界があるということである。これを解決するために一部の大学では、大学間協定を結び、互いに力を合わせる動きが見られる。

　具体的には、従来の単位交換制度にとどまらず、一つの専門分野に共同投資して共同教育課程の編成や就職支援の協力、新たな学科の共同運営などを実施しようとしている。例えば、本書で特性化事業の成功事例として紹介した慶雲大学は、近年流行しているドローンの専門人材の育成に力を入れている代表的な大学であるが、それは同大学が航空関連学

科という強みを有しているから可能となったものである。しかし、そうした強みがない大学にとって、ドローンの専門人材を育成したいと思っても、ゼロから様々な航空関連のインフラと人的資源を整えるのは財政的な負担が大きい。こうした場合に有効なのが、大学間のMOUを通じてドローン事業に取り組む方法である。最近、実際に二つの大学がドローンをめぐってMOUを締結した事例がある。

　釜山に近い金海市に位置する仁済（インジェ）大学と忠南瑞山に位置する韓瑞（ハンソ）大学は、ドローンに関する教育の発展と人材育成のために、関連する教育事業の共同推進や人材育成、研究・学術・人材・情報の共有を通じて相互の発展のために協力している[75]。より具体的には、ドローン教育課程の単位の相互認定、ドローン飛行操縦教育機関の認証取得のための共同事業の推進、機器や設備の相互支援、雇用創出のプログラム開発、ドローン関連技術と教育プログラム開発のための専門組織の構成などが主要内容である。

　MOU締結に至る背景をみてみると、仁済大学はドローンに産業現場と日常生活における無限の発展可能性を見出し、次世代技術としてのドローンに関する新しい教育モデルを開発して優れた人材養成基盤形成に乗り出す意思を持っていた。一方、韓瑞大学は、全国初となる無人飛行操縦学科を中心に航空やドローンなど関連分野と交流を図りながら、優秀な人材を養成して関連産業に貢献することを目標としていた。しかしそのための資金が不足する韓瑞大学に対し、仁済大学が財政的な支援に名乗りをあげたのである。すなわち、仁済大学は資金や関連分野の知識、技術、人材を提供し、韓瑞大学は航空専門学科で蓄積された教育のノウハウや滑走路及び航空関連シミュレーションの機材を提供したのである。

　このように複数の大学が一つの分野の教育・研究を共同で運営することで、必要とされる費用の負担を分散することができる。特に、地方大学が直面している財政難と人的資源の不足を克服するのに効果的であると思われる。

4．クラウド・スカラシップ[76]の時代

　大学構造調整評価で低い判定を受けた大学は、定員削減と財政支援事業への参加の制限措置だけでなく、在学生の奨学金受給資格の制限という制裁を受ける。この措置が意図するのは、大学進学志願者が低い評価の大学の受験を回避させることである。本来奨学金とは、経済的に困難な状況にいる学生たちに教育機会を提供する重要な手段であり、こうした措置に批判があるのも事実である。大学構造調整は必要であるが、学生の学ぶ機会と権利の保障が何より優先されるべきであるという原則をいかに守るかを検討する局面にある。

　そうした中で導入が検討されている有力な措置として、「クラウドスカラシップ（crowd scholarship）制度」がある。同制度は、事業に必要な財源を準備するためにインターネットを通して不特定多数の人から資金を調達するクラウドファンディング（crowd funding）に由来する。クラウドスカラシップでは経済的な理由で大学に通うことが困難な学生に対してインターネットで学資金を集め、提供することを意味する。

　従来の奨学金制度の多くは、成績などを参考資料として学校法人や総長の裁量で奨学金の給付を決定するものであったが、クラウドスカラシップは、対象となる学生の諸事情を支援者が聞き取って少額を出し合い、目標とされる金額が集まると募集を終了する仕組みである。学生は奨学金を返還する義務はないが、その使い道などを報告しなければならない。

　韓国ではまだクラウドスカラシップ制度は定着していないが、今後積極的な活用が広がれば、大学構造調整の中で学ぶ権利を侵害される学生の保護が期待される。

〈注〉
62) チョン・ジンフ（2013）「私立大学不正根絶方案」『2013年国政監査政策レポート』pp. 8-9.

63）韓半島先進化財団（2009）『韓国の高等教育の先進化の方向と課題』韓半島先進化財団・韓国私学振興財団・教育科学技術部の主催, pp. 81-82.
64）キム・ジョンソ他4人（2013）「私立学校に感謝の実効性確保のための行政・財政的制裁案の研究」『ソウル市教育庁研究報告書』, P. 81.
65）日本でも、郊外にキャンパスを置く大学は郊外キャンパスの整理や売却、新たな事業目的への活用方策や都心回帰を徐々に検討しなければならないだろう。18歳人口が減少する中、定員確保が困難な大学は郊外キャンパスの整理が必須である。しかし、大学の設立以来のノスタルジアと精神的な価値を強調しつつ、むしろ新築事業を推進する姿を見ると、その危機感の無さに驚きを隠しえない。
66）韓国私学振興財団（2013）『私立大学の財政統計年報』。
67）Ibid.
68）パク・ゴヨン（2003）『私立大学財政運営の実態と改善策の研究』国会教育委員会。
69）韓国連合ニュース『中央大「国内最大」の看護大学発足に影が…』（2015年3月27日）http://www.yonhapnews.co.kr/bulletin/2015/03/27/0200000000AKR20150327166700004.HTML
70）Philip Kotler（1976）*Applying Marketing Theory to College Admission in role for marketing in college admissions*, College Entrance Examination Board, NewYork pp. 54-72.
71）ホン・ブギル（1983）「大学マーケティングの台頭」,『梨花女子大学社会科学論集』（第3巻）p. 206.
72）コン・デボン他（2000）『大学生の教育需要の満足度に関する調査研究』。
73）連合ニュース『東海市、唯一の大学である韓中大学の退出決定に、地域住民は虚脱』（2017年10月27日）http://www.yonhapnews.co.kr/bulletin/2017/10/27/0200000000AKR20171027142700062.HTML
74）K-SportTV『韓中大学サッカー部、監督 – 親間の「告発」続く、「泥仕合」』（2015年9月9日）http://www.ksport.co.kr/news/view.asp?msection=2&idx=7374
75）『韓国大学新聞』（2016年12月10日）
76）Eilene Zimmerman., *Researchers: Can Scholarship be Crowdfunded?*
A group of economists turns to an unusual source for funding: strangers, Insight by Stanford Business, Stanford Graduate School of Business, 2013（October 4th）.
https://www.gsb.stanford.edu/insights/researchers-can-scholarship-be-crowdfunded

終章

私立大学の生きる道

終章　私立大学の生きる道

1．大学の倒産と地域の空洞化

　2012年から大学の構造調整の波が大学を襲った後、閉鎖された大学の数は12校に達した。特に、2017年末から2018年4月までの数カ月間で廃校された大学は、その3分の1に当たる4校（大邱外国語大学、西南大学、韓中大学、大邱未来大学）に上る。また、大学の廃校とともに大学構成員を取り巻く環境も厳しさを増している。例えば、廃校した大学の在学生は編入先の大学が決まるまで十分な教育を受けられない状況にあり、また教職員も一夜にして失業者に転落し、厳しい生活苦に直面している。さらに心配なのは、教育部による大学の基本能力診断によって、今後廃校の波がさらに加速化することである。具体的には、大学入学定員と進学者数の予測から、2024年までに4年制大学のうち73校が廃校に追い込まれると推計されている。

　こうした中、すでに紹介した西南大学の閉鎖は、大学経営者の不法行為とそれによる弊害が非常に大きく、閉鎖後に生じる負の影響を検証するために最も興味深いケースとして注目されている。廃校した西南大学のキャンパスに足を踏み入れた時、筆者は異常な雰囲気を感じた。その理由は、キャンパスを行き来する学生の姿が全く見当たらなかったからである。まるで無人島のような寂しい風景が目の前に広がっていた。廃校する2年前、約200人の教職員と1893人の学生で賑わっていた風景は面影もなかった。誰もいないキャンパスを歩き、建物内に入ると、最近まで使用されていたかのように、医学部の教室の黒板には講義内容が書かれており、机の上にはレジュメなどが置かれていた。

　調査に応じてくれた西南大学の関係者J氏は、廃校する直前まで教職

員と学生は廃校になると考えていなかったと話す。何故ならば、教職員が作成した大学正常化方案について、教育部から肯定的な反応を得ていたことと、明知（ミョンジ）医療財団とソウル市立大学などから買収に関する提案を受けていたからである。

　しかし、教育部は、従来とは異なる政策判断をした。すなわち、大学正常化案を却下したのである。それだけでなく、教育部は、医療機関や大学による買収案についても、買収側の資格要件（財政的要件）の欠如を理由に却下したのである。こうした教育部の結論に憤慨した大学の教職員や地域の住民は、教育部を訪れ廃校撤回を要求したが、その措置が撤回されることはなかったのである。

　そもそも西南大学が廃校に至った原因は何だったのだろうか。端的にいえば、西南大学の李洪河（イ・ホンハ）元前事長の不正である。具体的には、1991年の西南大学開校以降、李洪河は合計6校の大学を設立し、私学界の革命児として注目された。しかし、今回明らかになったのは、大学を1校設立して授業料の収入が発生するとそれを横流し、他の大学を設立するという手法で継続的に複数の大学を設立していた事実である。さらに、2007年から2012年8月までの間、授業料を目的外に使用しただけでなく、西南大学の校費約33億円、漢麗大学の校費約15億円、光陽保健大学の校費約40億円、新京大学の校費約10億円など、総額約98億円の校費を横領した。さらに、自らが運営していた建設会社の資金約10億円を横領した罪に問われ、最終的に逮捕に至ったのである。

　学校法人による歴史的にも前例のない不正を深刻に受け止めた教育部は、西南大学を不実な経営の大学として指定した。同大学のイメージは失墜し、医学部を除く学部は学生募集が厳しい状況に置かれた。実際、医学部を除くすべての学科の定員充足率が平均20％に満たない状況が続いた。特に、大学構造調整評価が本格的に始まった2016年度は、医学部以外の学科の新入生募集定員合計600人のうち、500人の欠員が生じたのである。西南大学は財政悪化と定員割れが続いた結果、通常の学務運営が困難となり、さらに大学評価で最低ランクの判定を受けて廃校

したのである。

　西南大学校が廃校すると、大学構成員と大学周辺の地域住民をめぐる環境も一変した。まず、西南大学校が廃校審議対象に指定されて財政支援が停止されると、医学部の学生の実習施設や設備などに必要な資金が不足し、正常な教育が出来なくなった。さらに、教職員の給与遅配は6カ月以上続き、最終的な未払い給与の累計総額は約20億円に達した。

　筆者がインタビューしたL教授は、「大学側が給料を半年近く支給していなかったため、教職員のほとんどが借金生活を強いられた。いまだに理事長の横領したお金は返済されておらず、また学校法人の残余財産の処分もどうなるかわからない状況で、教職員は厳しい生活苦に置かれている」と話しながら涙を零した[77]。さらに、教育部の廃校命令に関しては、「教育部は、不正を犯した学校法人の問題を廃校命令で結論づけることで自らの責任を果たしたように言っているが、私たちのような被害者の立場からみれば、何一つ問題は解決されていないと言わざるを得ない」[78]と不満を漏らした。

　インタビューの最後にL教授は、「私たち教職員は給与と退職金ももらえないまま仕事を探しているが、在学生1,893人全員が特別編入対象者として分類され、全羅北道と忠清南道地域の大学に編入できたことは不幸中の幸いだった」と述べた。もちろん、この話はL教授の個人的な見解であるが、大学の廃校が教職員全員の職を奪い、その生計に大きな打撃を与えたことは事実である。

　また、西南大学の廃校はキャンパス周辺の地域住民の生活基盤にも打撃を与えた。筆者が訪れた時、大学周辺の商店街は廃れ、大学廃校による直撃弾を受けているように見えた。西南大学キャンパスの裏側には商売をやめた店が30ほど並び、それらのポストには郵便物がたまって、店の前にも散乱していた。また、店の窓ガラスには売買、テナント募集の広告のちらしが貼られていた。一時期、大学生で賑わっていた地域の商店街がシャッター街になっている状況を目の当たりにしながら、筆者は西南大学正常化対策委員会のメンバーであった住民S氏に店を閉じた人々の近況を伺った。S氏は、店をたたんだ人々がその後厳しい生活苦

に直面していると語った。例えば、S氏の隣で書店を営んでいたある人は持病が悪化し、入院していると言う[79]。

また、別の住民K氏は、「10年前に田畑を売ったお金と銀行からの融資を合わせて老後のためにワンルーム(アパート)経営を始めたが、大学が廃校し住む学生がいなくなり今絶望状態である」と話した[80]。さらに「ゴーストタウンになった街で自分が所有するワンルームは、今では捨て犬や猫の住まいになりつつある」と嘆いた[81]。実際、廃校後の地域経済の実態を調べた大学正常化委員会の調査によると、ワンルーム58棟(約1000室)が密集する「ユルチ村」の「チョンソル・ワンルーム団地」と「ドクウォン村」のワンルーム30棟(約700室)が空き家になっているという。一部空室を免れたワンルームは、近くの工事現場で働く出稼ぎ労働者や外国人労働者などが短期で居住する空間として利用されている状況である。

医学部を中心とするキャンパスに多くの学生が集まっていた一昨年前までは、部屋を求める学生の需要が多く、ワンルームを経営する住民は嬉しさに笑顔が絶えなかったと聞く。西南大学の開校以来、周囲ではワンルームの需要が供給を上回っていたため、多くの住民が老後対策としてワンルームの賃貸経営事業に飛びついたのである。しかし、今やゴーストタウンになった町でワンルーム経営を営んでいた人々は、老後の生活基盤の準備どころか返済金の負担で苦しむ日々を過ごしており、ワンルームを売却しようにも誰も買い手がつかない状況に苦しんでいる。

それでは、地域経済の崩壊を防ぐために、政府や自治体、大学の構成員にできることはなかったのだろうか。もし、西南大学の廃校が確定される前までに数回打診があったという医学部を中心とする買収が成功していたら、現在のような悲惨な状況にはならなかったと思われる。例えば、韓南(ハンナム)大学が50億円を出資して西南大学を買収する計画があったのだが、韓南大学の持分の相当数を保有する大韓イエス教長老会が買収資金の支援を拒否したため、計画はとん挫した。当時の交渉過程を振り返ってみて非常に残念なことは、全羅北道をはじめとする地域の自治体が資金の援助などの対策を打ち出さなかったことである。も

し、自治体が計画を支援していたら、韓南大学との交渉も成功する可能性があったと思われるが、傍観者的な立場で何のアクションも起こさなかったため、西南大学の廃校を阻止する機会を逃すことになった。

　さらにもう一つ、西南大学の買収交渉が決裂した理由がある。現行の「私立学校法」第35条に定められている学校法人の残余財産の処理を巡っては、拘束されている李洪河前理事長の娘が総長代行を務める新京大学校に委任されており、依然として李洪河前理事長の影響力の下で交渉が進んでいたからである。つまり、西南大学を廃校に導いた前理事長の娘が運営する大学を買収することに、韓南大学の理事会のほか、多くの大学や医療機関が憂慮を示したのである。韓南大学にとってみれば、廃校という大学経営の失敗の責任の所在を法的に問う裁判が続く中、残余財産の管理を前理事長の親族が担当していることは、不正がまだ完全に清算されていない印象を与えることになる。この点も、買収に必要な財源の問題とともに、交渉が頓挫した理由であると言える。

　しかし、2018年4月に入って、地域住民にとっては少し希望を持てる話が聞こえ始めた。教育部が西南大学キャンパス跡地に韓国初の国立公共医療大学（院）を設立する計画を検討し始めたのである。西南大学が位置する全羅北道と南原市の首長は、記者会見で「国立公共医療大学（院）の設立は、経済的に打撃を受けている住民に大きな力になるだろう」と語った。現在与党である民主党と政府も、国会で協議会を開いて具体的な検討を始めており、2022年の開校を目指しているとされる。地域住民と自治体は、これが西南大学廃校後に崩壊した地域経済を復活させる唯一の道であると確信しており、従来は西南大学医学部が目指していた医療貧弱地域の医療サービスの向上という目的と趣旨とも合致するとして、期待を高めている。

　西南大学の廃校後、初めて明るいニュースが聞こえてきた一方、西南大学と同様に廃校処分を受けた他の大学と地域住民からは批判の声も上がっている。すなわち、西南大学は医学部があったという理由だけで再生の道を模索するのは不公平ではないかという不満である。さらに、政府は大学の構造調整政策の正当性を確保するため、地域経済の再生のモ

デルケースとして西南大学を利用しているのではないかという疑問の声も上っている。

　このように、大学廃校後は地域経済の再建をめぐる議論が激しく展開されているが、何れにせよ、今後も廃校する大学の数が増えるのは間違いない。そうなると、廃校後の残余財産の処理、在学生の学習権の保障、教職員の失業問題への対策が求められるだろう。他方、大学が位置する地域経済の崩壊、すなわち、ワンルームやレストラン、パブ、インターネットカフェなど様々な店が閉店することで、地域の空洞化が急激に進むと予想される。したがって、教育部は、大学廃校問題を教育分野だけの問題として捉えることなく、自治体や関係省庁と協力し、地域経済の復興についても工夫していく必要があるだろう。

　そして、現在、上記の問題を解決するために注目されているのが「University Engagement」理論に基づく大学の役割である。「University Engagement」とは、大学を社会的・経済的影響力を持つ「拠点機関（anchor institution）」として地域に位置付け、キャンパスのある地域社会の発展のために、大学が持つ財源や人的資源を活用することである（Axelroth and Dubb 2012）。特に、地域空洞化の問題をどのように解決することができるかという視点からいえば、「地域社会のリーダーとしての役割」が大学に期待される。「University Engagement」理論の一つの軸である「リーダーとしての役割」とは、大学が地域社会の問題の解決を主導する役割を果たすことである。例えば、大学が設立され、周辺の人口が増え、地域商圏が形成されると、さまざまな都市問題（犯罪など）が起きたとしよう。この時、地域が直面している問題を改善するため、大学が積極的に関わることを意味する。要するに、大学構造調整政策が展開される中、大学の構造調整による地域の衰退という問題を解決するために、地域社会の発展と大学の生存という目標を同時に実現するためにアクションを起こす、「行動する学問（Scholarship in Action）」を実践する主体として大学が生まれ変わることである。大学が「行動する学問」を実践する主体に変わる時、大学と地域が連携して生き残る道を模索することが可能となると思う。

２．私立大学の生存の道

　大学構造調整政策が実施される中、これまで多くの私立大学は、教育部に盲目的に従い、自らの主体性を喪失し、右往左往していた。教育部の指摘を待つまでもなく、構造調整を自発的に進めなければならないと認識していながらも、実際に自らが着手することはなかった。その理由は、構造調整政策の展開を妨げる内在的な問題があったからである。すなわち、私立大学が自らの存在価値について答えを見つけられないまま、目の前の問題に取り組むことだけに汲々としていたからである。例えば、創業者から受け継いできた大学の名前や学校法人の財産を守ることばかりに労力を注ぎ、大学教員も自身の学科の不人気を省みることなくその利権を守ることに執着している。換言すれば、学校法人や総長（学長）、教員など大学運営の意思決定に影響力を持つ人々の保守的な思考が私立大学に蔓延しているということである。そしてその結果、大学の大規模な変革や大学名の刷新、新たな分野への果敢な投資、不人気学科に対する認識、保身ではなく教育の価値の優先など、必要なことを何一つすることなく、大学の沈降をただ傍観することになったのである。

　今後私立大学は、その存続のために何をしなければならないのだろうか。まず何よりも、原点に戻って自らの存在理由を熟考することから始めなければならない。大学の名前に対するこだわりを捨て、大学の資産を社会に還元する覚悟を持ち、学科の利権にこだわらず、社会の将来のために大学は何をすべきかを考えなければならない。そして、私立大学の主体は誰なのかを問う必要がある。一般的に私立大学の主体は、学校法人の理事長、総長、教員、学生に見出される。しかし、今の時代、彼らは私立大学の主体ではない。真の主体は、まさに私たちが生きている社会の構成員、すなわち、市民である。大学は、社会の発展のために存在する公共財である。その意味で、理事長、総長、教員、学生の存在も、究極的には社会の発展に寄与することを使命とする人々である。したがって、構造調整の波に晒されても私立大学が選択すべき価値判断の基準は、大学の名前や資産教職員の身分を守ることではなく、社会に貢

献する自分しかできないことを見つけることである。そしてそれが、大学がこれからの100年を生き残る方法だと思われる。

〈注〉
77）西南大学L教授のインタビュー（2018年3月28日）
78）Ibid.
79）西南大学キャンパス周辺の住民S氏へのインタビュー（2018年3月28日）
80）西南大学キャンパス周辺の住民K氏へのインタビュー（2018年3月28日）
81）Ibid.

参考文献

韓国語文献

강희경 (2014)『바람직한 대학 구조 조정 방안』2014년도 비판사회학회 춘계 학술대회 자료집.（ガン・フィギョン（2014）「望ましい大学の構造調整方案」2014年度批判社会学会春季学術大会資料集。）

곽대철 (2004)『사립대학 구조조정 방안의 법률적 검토 및 제도화를 위한 기초연구』교육부 정책연구.（グァク・デチョル（2004）「私立大学の構造調整案の法的検討と制度化のための基礎研究」教育部政策研究。）

곽진숙 (2013)「대학평가에서 활용되는 취업률 지표의 문제와 개선 방안」『교육평가연구』제26권 제1호, pp. 181-215.（グァク・ジンスク（2013）「大学評価で活用される就業率の指標の問題と改善策」、『教育評価研究』第26巻第1号、pp. 181-215。）

공은배 (1994)『사립대학의 발전과제와 재정소요 : 사립대학 발전을 위한 재정 확립 방안 모색연구』한국학술진흥재단, pp. 45-56.（ゴン・ウンベ（1994）『私立大学の発展の課題と財政所要：私立大学発展のための財政確立方案模索研究』韓国学術振興財団、pp. 45-56。）

교육개혁위원회 (1995)「신교육 시스템을 확립하기 위한 교육개혁안」『교육개혁위원회 2차 대통령 레포트』.（教育改革委員会（1995）「新教育システムを確立するための教育改革案」『教育改革委員会第2次大統領レポート』。）

교육인적자원부『대학과 산업대학 정원의 구조계획』(2004-2013년도).（教育人的資源部『大学と産業大学の定員調整計画』(2004-2013年度)。）

교육인적자원부 (2004)『경쟁력 강화를 위한 대학구조개혁 방안』(2004년12월29일).（教育人的資源部（2004）「競争力強化のための大学構造改革方案」(2004年12月29日)。）

교육인적자원부 (2004)『대학자율화 추진계획』(2004년12월29일).（教育人的資源部（2004）「大学自律化推進計画」(2004年12月29日)。）

교육과학기술부 (2011)『2012년도 평가순위 하위대학 정부의 재정지원제학 계획』(2011년 8월18일).（教育科学技術部（2011）『2012年度評価順位の下位大学、政府の財政支援の制限を計画』(2011年8月18日)。）

교육부 (2014)『대학 구조개혁 추진계획』(2014년 1월28일).（教育部（2014）『大学構造改革推進計画』(2014年1月28日)。）

국회사무처 (2005)『제17대 국회 253회 교육위원회 회의록』2차).（国会事務処（2005）『第17代国会253回教育委員会会議録』(2次)。）

교육과학기술부 (2011)『제18대 국회 301회 교육과학기술위원회 회의록』(1차-5차).（教育科学技術部（2011）『第18代国会301回教育科学技術委員会議事録』(1次-5次)。）

교육과학기술부 (2011)『제18대 국회 302회 교육과학기술위원회 회의록』(1차-4차).（教育科学技術部（2011）『第18代国会302回教育科学技術委員会議事録』(1次-4次)。）

김기석 (2008)「만민고등고육의 구현, 1948-2007」『한국고등교육연구』교육과학사.（キ

ム・ギソク（2008）「万民高等教育の具現1948-2007」『韓国の高等教育研究』教育科学社）。）

김동노 (2012)「국가와 사회의 권력관계의 양면성: 국가 자율성과 국가 역량의 재검토」『사회와 역사』제96집, pp. 261-292. (キム・ドンノ (2012)「国家と社会の権力関係の両面性：国家の自律性と国の能力の再検討」『社会と歴史』第96集、pp. 261-292。)

김동춘 (2000)「한국의 근대성과 '과잉 교육열'」『근대의 그늘』당대. (キム・ドンチュン (2000)「韓国の近代性と'過剰な教育熱'」『近代の陰』ダンデ。)

김미란 (2009)「일본의 사립대학 재생을 위한 구조개혁」『비교교육연구』제19집 2호, pp. 193-217. (キム・ミラン (2009)「日本における私立大学再生のための構造改革」『比較教育研究』第19集 2号、pp. 193-217。)

김선희 (2009)「비판적 실재론에 의한 제도변화 설명가능성 탐색: 역사적 제도주의와 비교를 중심으로」『행정논총』47권 2호, 서울대학교 한국행정연구소, pp. 337-374. (キム・ソンヒ (2009)「批判的実在論による制度変化の説明可能性に関する探索：歴史的制度主義との比較を中心に」『行政論叢』47巻 2号、ソウル大学韓国行政研究所、pp. 337-374。)

김영화 (1993)『한국의 교육불평등 – 고등교육 팽창의 과정과 결과』교육과학사. (キム・ヨンファ (1993)『韓国の教育不平等 – 高等教育膨張の過程と結果』教育科学社。)

김영화 (2010)「산업화 도약과 경제성장에 대한 교육의 기여」이종재 외『한국교육 60년』서울대학교출판문화원. (キム・ヨンファ (2010)「産業化の跳躍と経済成長に対する教育の貢献」、イ・ジョンジェほか『韓国教育の60年』ソウル大学出版文化院。)

김종서 외 4인 (2013)『사립학교 감사의 실효성 확보를 위한 행 재정적 제재방안 연구』『서울시교육청 연구보고서』p.81. (キム・ジョンソ他4人 (2013)「私立学校監査の実効性確保のための行政・財政的制裁案の研究」『ソウル市教育庁研究報告書』P.81。)

김종엽 (1999)「국민의 정부 고등교육개혁 비판」『경제와사회』43, pp. 10-42. (キム・ジョンヨプ (1999)「国民の政府高等教育改革批判」『経済と社会』43, pp. 10-42。)

김종엽 (2009)「교육에서의 87년체제 : 민주화와 신자유주의 사이에서」『경제와사회』84, pp. 40-69. (キム・ジョンヨプ (2009)「教育87年体制：民主化と新自由主義の間で」、『経済と社会』84、pp. 40-69。)

김종엽 (2012)「한국의 사립대학과 민주적 개혁 과제」『사학문제의 해법을 모색한다: 한국 사학의 역사 현실 전망』실천문학사. (キム・ジョンヨプ (2012)「韓国の私立大学における民主的改革の課題」『私学の問題の解決策を模索する：韓国史学の歴史現実展望』実践文学社。)

김환표 (2012a)「등록금의 역사: 학력. 학벌주의가 낳은 재앙（1）」『인물과사상』171, pp.167-187. (キム・ファンピョ (2012a)「授業料の歴史：学歴、学閥主義が生んだ災害（1）」『人物と思想』171, pp.167-187。)

김환표 (2012b)「등록금의 역사: 학력. 학벌주의가 낳은 재앙（2）」『인물과사상』172, pp.167-186. (キム・ファンピョ (2012b)「授業料の歴史：学歴、学閥主義が生んだ災害（2）」『人物と思想』172, pp.167-186。)

김환표 (2012c)「등록금의 역사: 학력. 학벌주의가 낳은 재앙 (3)」『인물과사상』173, pp. 164-187.（キム・ファンピョ（2012c）「授業料の歴史：学歴、学閥主義が生んだ災い（3）」『人物と思想』173、pp. 164-187。）

김환표 (2012d)「등록금의 역사: 학력. 학벌주의가 낳은 재앙 (4)」『인물과사상』174, pp. 173-187.（キム・ファンピョ（2012d）「授業料の歴史：学歴、学閥主義が生んだ災害（4）」『人物と思想』174、pp. 173-187。）

김환표 (2012e)「등록금의 역사: 학력. 학벌주의가 낳은 재앙 (5)」『인물과사상』175, pp. 168-184.（キム・ファンピョ（2012e）「授業料の歴史：学歴、学閥主義が生んだ災害（5）」『人物と思想』175、pp. 168-184。）

김훈호 (2014)「대학 재정지원 정책과 대학의 재정구조 분석」서울대학교 교육학과 박사학위논문.（キム・フンホ（2014）「大学財政支援政策と大学の財務構造解析」ソウル大学教育学科博士学位論文。）

대학 알리미 (www.academyinfo.go.kr) 홈페이지「대학알리미 안내」자료.（大学アリミ（www.academyinfo.go.kr）ホームページ「大学アリミ案内」資料。）

대학 구조 조정 2주기 현장 토론회 자료집「2주기 구조 조정 개선 방안 연구」2016 년 11 월 26일（大学構造調整２周期現場討論会資料集「２周期構造調整改善方案の研究」(2016年11月26日)）

박거용 (2003)『사립대학 재정운영 실태와 개선 방안 연구』국회교육위원회.（パク・ゴヨン（2003）『私立大学財政運営の実態と改善方案研究』国会教育委員会。）

박거용 (2005)『한국 대학의 현실: 신자유주의 교육정책 비판』문화과학사.（パク・ゴヨン（2005）『韓国大学の現実：新自由主義教育政策批判』文化科学社。）

박거용 (2009)「이명박 정부 고등교육정책에 대한 비판적 검토」『동향과전망』pp. 50-75.（パク・ゴヨン（2009）「李明博政権の高等教育政策に対する批判的検討」『動向と展望』pp. 50-75。）

박거용 (2012)「대학구조조정과 사립대학의 공공성 강화」윤지관 외『사학문제의 해법을 모색한다』실천문학사.（パク・ゴヨン（2012）「大学の構造調整と私立大学の公共性強化」ユン・ジグァンほか『私学の問題の解決策を模索する』実践文学社。）

박세일 외 (2004)『자율과 책무의 대학개혁: 제2단계의 개혁』한국개발연구원.（パク・セイルほか（2004）『自律と責任の大学改革：第２段階の改革』韓国開発研究院。）

박정원 (2014)「대학개혁 없는 대학구조조정정책」『한국대학, 무엇이 문제인가: 위기 진단과 실천적 과제』한국대학학회 창립기념 학술대회 자료집, pp. 85-90.（パク・チョンウォン（2014）「大学改革なき大学の構造調整政策」『韓国の大学の何が問題なのか：危機診断と実践的課題』韓国の大学学会創立記念学術大会資料集、pp. 85-90。）

박준도 (2010)「국가고용전략회의 비판」『월간사회운동』제94호, 사회진보연대.（パク・チュンド（2010）「国家雇用戦略会議の批判」『月刊社会運動』第94号、社会左派連帯。）

박환보 (2012)「고등교육 보편화 이후 대졸자의 취업 격차에 관한 연구」서울대학교 교육학과 박사학위논문.（パク・ファンボ（2012）「高等教育普遍化後における大卒者の就業格差に関する研究」ソウル大学博士学位論文。）

반상진 (2008)『고등교육경제학』집문당. (バン・サンジン (2008)『高等教育経済学』ジプムンダン。)

반상진 (2009)「대학재정과 대학등록금, 무엇이 문제인가?」『동향과 전망』Vol.77, pp. 102-137. (バン・サンジン (2009)「大学財政と大学の授業料の何が問題なのか?」『動向と展望』Vol.77、pp. 102-137。)

반상진 (2012)「대학등록금의 쟁점 분석과 합리적 대안 모색」『교육재정연구』Vol.21, No.3, pp. 97-115. (バン・サンジン (2012).「大学の授業料の争点分析と合理的代案の模索」『教育財政研究』Vol.21、No.3, pp. 97-115。)

반상진 (2014)「현 정부 대학구조개혁 정책의 문제점과 개선 방향」『한국대학, 무엇이 문제인가:위기 진단과 실천적 과제 : 한국대학학회 창립기념 학술대회 자료집』pp. 3-48. (バン・サンジン (2014)「現政府の大学構造改革政策の問題点と改善の方向」『韓国の大学の何が問題なのか:危機診断と実践的課題』韓国大学学会創立記念学術大会資料集、pp. 3-48。)

반상진 외 (2013)「학령인구 감소에 따른 대학정원 조정 및 대학구조개혁 대책 연구」『교육정치학연구』20 (4), pp. 189-211. (バン・サンジンほか (2013)「学齢人口の減少に伴う大学の定員調整及び大学の構造改革対策研究」『教育政治学研究』20 (4)、pp. 189-211。)

배상훈 (2013)「박근혜 정부의 구조개혁 방안」『박근혜 정부 대학구조개혁 방향과 대학체제 개편의 장기전망: 대학구조조정 대토론회』민주화를위한교수협의회. (ベ・サンフン (2013)「朴槿恵政府の構造改革案」『朴槿恵政府、大学構造改革の方向と大学システム改編の長期的な見通し:大学の構造調整の大討論会』民主化のための教授協議会。)

배태섭 (2005)「대학구조조정 누가 주도하나: 고등교육 정책 담론지형 분석 및 정책기조 비판」『교육비평』제18호, pp. 26-35. (ベ・テソプ (2005)「大学の構造調整は誰が主導するのか:高等教育政策談話地形分析と政策基調の批判」『教育批評』第18号、pp. 26-35。)

삼성경제연구소 (2006)「대학의 기술혁신과 경쟁력」『삼성경제연구소 연구 보고서』. (サムスン経済研究所 (2006)「大学の技術革新と競争力」『サムスン経済研究所の研究報告書』。)

삼성경제연구소 (2010)「청년 고용학대를 위한 대학교육」『삼성경제연구소 연구 보고서』 (サムスン経済研究所 (2010)「青年雇用拡大のための大学教育」『サムスン経済研究所の研究報告書』。)

서동진 (2009)『자유의 의지 자기계발의 의지 : 신자유주의 한국사회에서 자기계발하는 주체의 탄생』돌베개. (ソ・ドンジン (2009)『自由の意志、自己啓発の意志:新自由主義の韓国社会における自己啓発する主体の誕生』ドルベゲ。)

성경륭 (2014)「한국 복지국가 발전의 정치적 기제에 관한 연구 : 노무현 정부와 이명박 정부의 비교」『한국사회학』Vol.48, No.1, pp. 71-132. (ソン・ギョンリュン (2014)「韓国の福祉国家としての発展の政治的メカニズムに関する研究:盧武鉉政府と李明博政府の比較」『韓国社会学』Vol.48、No.1, pp. 71-132。)

손준종(1995)「한국 고등교육팽창에 대한 교육사회학적 분석」『교육사회학연구』Vol.5 No.2, pp.37-51.（ソン・ジュンジョン（1995）「韓国の高等教育膨張に対する教育社会学的分析」『教育社会学研究』Vol.5. No.2, pp. 37-51。）

손준종(1998)「대학의 재구조화 전략에 관한 연구」『고등교육연구』Vol.10, No.1, pp. 29-51.（ソン・ジュンジョン（1998）「大学の再構造化戦略に関する研究」『高等教育研究』Vol.10 No.1, pp. 29-51。）

손준종(2000)「신자유주의와 한국 대학개혁의 의미」, 강치원 편(2000)『세계화와 한국사회의 미래』백의, pp.367-395.（ソン・ジュンジョン（2000）「新自由主義と韓国の大学改革の意味」ガン・チウォン編（2000）「グローバル化と韓国社会の未来」ベックイ、pp. 367-395。）

손준종(2012)「교육정책과 수의 지배」『교육사회학연구』Vol.22, No.1, pp. 109-139.（ソン・ジュンジョン（2012）「教育政策と数の支配」『教育社会学研究』Vol.22 No.1, pp. 109-139。）

손준종(2013)「반값 등록금 운동의 정치학: 그 성격과 교육적 의미 탐색」『교육정치학연구』Vol.20, No.3, pp.189-215.（ソン・ジュンジョン（2013）「半額授業料運動の政治学：その性格と教育の意味の探索」『教育政治学研究』Vol.20、No.3, pp. 189-215。）

손흥숙(2002)「고등교육에 대한 국가의 신자유주의적 개입 방식」『교육학연구』Vol.40 No.4, pp.173-196.（ソン・フンスク（2002）「高等教育に対する国の新自由主義的介入方式」『教育学研究』Vol.40 No.4, pp.173-196。）

손흥숙(2004)「다른 조건, 유사한 정책이념의 사회학적 의미: 한국과 영국의 대학평가 정책의 사례」『교육학연구』Vol.42, No.1, pp.277-295.（ソン・ホンスク（2004）「他の条件、類似する政策理念の社会学的意味：韓国と英国の大学評価政策の事例」『教育学研究』Vol.42 No.1, pp. 277-295。）

송수연(2009)「산학협력 활동을 통해 본 대학의 기업화 현상」『한국사회학회 사회학대회 논문집』pp.1461-1480.（ソン・スヨン（2009）「産学協力活動を通して見た大学の企業化現象」『韓国社会学会社会学大会論文集』pp. 1461-1480。）

신현석(2004)「대학 구조조정의 정치학(Ⅰ): 역사적 분석을 통한 신제도주의적 특성 탐색을 중심으로」『교육정치학연구』11, pp. 90-120.（シン・ヒョンソク（2004）「大学の構造調整の政治学（Ⅰ）：歴史的分析を通じた新制度主義的特性の探索を中心に」『教育政治学研究』11, pp. 90-120。）

신현석(2007)「한국 고등교육의 시장화와 다양화: 국가, 시장 그리고 대학의 관점에서의 분석을 중심으로」『교육행정학연구』제25집 제4호, pp.285-314.（シン・ヒョンソク（2007）「韓国の高等教育の市場化と多様化：国、市場そして大学の視点からの分析を中心に」『教育行政研究』第25集第4号、pp. 285-314。）

신현석(2012)「대학 구조개혁정책의 쟁점 분석과 과제」『교육문제연구』Vol.42, pp.1-40.（シン・ヒョンソク（2012）「大学の構造改革政策の争点の分析と課題」『教育問題研究』Vol.42, pp. 1-40。）

신현석 외(2013)「제도화된 국가주의와 교육에서 국가의 역할」『교육문제연구』Vol.26,

No.3, pp.53-79.（シン・ヒョンソクほか（2013）「制度化された国家主義と教育における国家の役割」『教育問題研究』Vol.26, No,3, pp. 53-79。

안민석 (2009)「고등교육 재구조화 및 부실대학의 합리적 개선방안 – 대학 퇴출정책의 비판적 고찰을 중심으로」『2009 국정감사 정책자료집』. （アン・ミンソク（2009）「高等教育の再構造化と不実な経営の大学の合理的な改善策 – 大学退出政策の批判的考察を中心に」『2009年度国政監査政策の資料集』。

유기홍 (2013)「대학 구조개혁 (정원) 정책 평가와 전환」『2013년도 국정감사 자료집』. （ユ・ギホン（2013）「大学の構造改革（定員）政策評価と転換」『2013年度の国政監査資料集』。）

윤자형 (2014)「1990-2000년대 한국 고등교육개혁과 대학문화의 변동 : '정보화' '세계화' 패러다임에의한 대학・지식・지식인의 의미변화를 중심으로」중앙대학교 문화연구학과 석사학위논문. （ユン・ジャヒョン（2014）「1990-2000年代の韓国の高等教育改革と大学文化の変動：「情報化」「世界化」のパラダイムによる大学・知識・知識人の意味の変化を中心に」中央大学文化研究学科の修士学位論文。）

윤종희 (2010)「현대 자유주의적 교육개혁의 역사와 지식권의 제도화 : 세계헤게모니 국가의 교육제도를 중심으로」서울대학교 사회학과 대학원 박사학위논문. （ユン・ジョンフィ（2010）「現代の自由主義的教育改革の歴史と知識の制度化：世界の覇権国家の教育制度を中心に」ソウル大学社会学科大学院博士論文。）

윤종희 (2014)「20세기 현대 교육제도의 모순과 오늘의 대학」『2014년 비판사회학회 춘계학술대회자료집』. （ユン・ジョンフィ（2014）「20世紀の現代の教育制度の矛盾と今日の大学」『2014年批判社会学会春季学術大会資料集』。）

윤지관 (2013)「대학 구조개혁의 장기전망」『박근혜 정부 대학구조개혁 방향과 대학체제 개편의 장기전망: 대학구조조정 대토론회』민주화를위한교수협의회. （ユン・ジグァン（2013）「大学の構造改革の長期的な見通し」『朴槿恵政府、大学構造改革の方向と大学システムの改編の長期的な予測：大学の構造調整の大討論会』民主化のための教授協議会。）

윤철경 (1993)「교육재정 정책의 사회학적 고찰 – 교육팽창비용의 동원방식에 나타난 사회계급적 의미」『교육사회학연구』Vol.3 No,2, pp.77-95. （ユン・チョルギョン（1993）「教育財政政策の社会学的考察 – 教育膨張コストの動員方式に現れた社会階級の意味」『教育社会学研究』Vol.3 No,2, pp. 77-95。

이병천 (2011)「외환위기 이후 한국의 축적체제 : 수출주도 수익추구 축적체제의 특성과 저진로 함정」『동향과 전망』제81호, pp. 9-69. （イ・ビョンチョン（2011）「通貨危機以降の韓国の蓄積体制：輸出主導の収益追求の蓄積体制の特性化と進路の陥穽」『動向と展望』第81号、pp. 9-69。

이용균&이기성 (2010)「정부의 대학 구조조정 정책의 특징 분석 및 발전 방향」『평생교육HRD 연구』Vol.6 No,2, pp. 165-185. （イ・ヨンギュン&イ・ギソン（2010）「政府の大学構造調整政策の特徴分析と発展方向」『生涯教育HRD研究』Vol.6 No,2、pp.165-185。）

이성호 (1998)「사립학교법의 현황과 개정과제에 대한 연구」『한국연구재단 연구보고서』,

p. 45.（イ・ソンホ（1998）「私立学校法の現状と改正の課題についての研究」『韓国研究財団研究報告書』p. 45。）

이승희（2004）「우리나라 사립대학에 대한 재무분석 및 재무구조 개선방안에 관한 연구」한양대학교 경영대학원 박사학위 논문.（イ・スンヒ（2004）「韓国の私立大学の財務分析と財務構造改善策に関する研究」漢陽大学経営大学院博士論文。）

이주호（1994）「인력수급전망과 고등교육 개혁과제」『한국개발연구』제16권 4호, pp.3-25.（イ・ジュホ（1994）「人材需給見通しと高等教育改革の課題」『韓国開発研究』第16巻4号、pp. 3-25。）

이혜영（1992）「대학 입학정원 결정의 사회적 동인에 관한 연구」서울대학교 교육학과 박사학위논문.）（イ・ヘヨン（1992）「大学入学定員の決定の社会的動因に関する研究」ソウル大学教育学科博士学位論文。）

임재홍（2012）「이명박 정부 교육정책에 대한 평가와 과제 – 신자유주의 고등교육정책을 중심으로」『민주법학』제50호, 민주주의법학연구회, pp.183-218.（イム・ジェフン（2012）「李明博政権の教育政策の評価と課題 – 新自由主義の高等教育政策を中心に」『民主法学』第50号、民主主義法学研究会、pp. 183-218。）

임재홍（2014）「대학 구조조정에 대한 공교육적 접근」『KNO논총』58집, 한국방송통신대학교.（イム・ジェフン（2014）「大学の構造調整に対する公教育的なアプローチ」『KNO論叢』第58集、韓国放送通信大学。）

임천순（1994）『사립대학 발전을 위한 재정확립방안 모색연구』한국학술진흥재단, pp.127-144.（イム・チョンスン（1994）『私立大学の発展のための財政確立方案模索研究』韓国学術振興財団、pp. 127-144。）

장경섭（2009）「사회투자가족과 교육정치」『가족○생애○정치경제: 압축적 근대성의 미시적 기초』창비（ジャン・ギョンソプ（2009）「社会投資家族と教育政治」『家族・生涯・政治経済：圧縮的近代性の微視的基礎』創批。）

장석환（2007）「문민정부 이후 대학 정원정책 분석」『교육행정학연구』Vol.25 No.4, pp. 389-412.（ジャン・ソクファン（2007）「文民政府後の大学定員政策の分析」『教育行政研究』Vol. 25 No.4, pp. 389-412.）

장수명（2009a）「5.31 대학정책 분석: 규제완화를 중심으로」『동향과전망』Vol. 77, pp. 9-49.（チャン・スミョン（2009a）「5.31大学政策の分析：規制緩和を中心に」『動向と展望』Vol. 77、pp. 9-49。）

장수명（2009b）「대학의 공공성과 대학재정」『교육비평』Vol.26, pp.93-128.（チャン・スミョン（2009b）「大学の公共性と大学財政」『教育批評』Vol.26、pp. 93-128。）

장수명（2011）「등록금 투쟁과 대학제도 혁신」『경제와사회』Vol.91, pp. 69-102.（チャン・スミョン（2011）「授業料闘争と大学制度の革新」『経済と社会』Vol.91 pp. 69-102.）

장수명（2014）「한국 대학의 위기의 정치경제와 개혁과제」『한국대학, 무엇이 문제인가: 위기 진단과 실천적 과제』한국대학학회 창립기념 학술대회 자료집, pp. 49-84.（チャン・スミョン（2014）「韓国の大学の危機の政治経済と改革課題」『韓国の大学の何が問題な

のか：危機診断と実践的課題』韓国の大学学会創立記念学術大会資料集、pp. 49-84.）

전국경제인연합회（2004）「고등교육개혁실천방안」전국경제인연합회 보고서.（全国経済人連合会（2004）「高等教育改革実践方案」全国経済人連合会報告書。）

정이환（2011）『경제위기와 고용체제：한국과 일본의 비교』한울.（ジョン・イファン（2011）『経済危機と雇用システム：韓国と日本の比較』ハンウル。）

정진후（2013）「사립대학 부정비리 근절 방안」『2013 국정감사 정책보고서』2013.10. pp. 8-9.（チョン・ジンフ（2013）「私立大学不正根絶方案」『2013年国政監査政策レポート』pp. 8-9。）

정진희（2012）「신자유주의 교육정책과 한국 대학의 변화」경상대학교박사학위논문.（チョン・ジンヒ（2012）『新自由主義教育政策と韓国の大学の変化』慶尚大学校博士論文。）

조흥순（2006）「대학 구조조정 정책의 제약요인에 관한 역사적 신제도주의적 접근」『교육문제연구』Vol.25. pp.167-199.（ジョ・フンスン（2006）「大学の構造調整政策の制約要因に関する歴史的新制度主義的アプローチ」『教育問題研究』Vol.25 pp. 167-199.）

주영달（2012）「학교법인 임시이사 선임 및 권한에 관한 연구」『교육법학연구』제24권 제3호, 2012, 149.（ジュ・ヨンダル（2012）「学校法人の臨時理事の選任と権限に関する研究」『教育法の研究』第24巻第3号、p. 149.）

지주형（2011）『한국 신자유주의의 기원과 형성』책세상.（チ・ジュヒョン（2011）『韓国新自由主義の起源と形成』チェクセサン。）

조희연（2014）「대안교육체제」『병든 사회, 아픈 교육』한울.（チョ・ヒヨン（2014）「代案教育体制」『病気の社会、病気の教育』ハンウル。）

최석현（2010）「노동공급 구조적 시각에서 본 한국 교육체제의 기원과 그 성격：역사적 제도주의접근」『현상과인식』Vol.34 No.4. pp. 65-91.（チェ・ソクヒョン（2010）「労働供給構造の視点から見た韓国の教育システムの起源とその性格：歴史的制度主義のアプローチ」『現状と認識』Vol.34 No.4, pp. 65-91.）

하연섭（2011）『제도분석：이론과 쟁점』다산출판사.（ハ・ヨンソプ（2011）『制度分析：理論と争点』タサン出版社。）

하연섭（2013）「고등교육 재정정책의 정치경제 – 비교제도분석」『한국정책학회보』Vol. 22 No. 2, pp. 1-29.（ハ・ヨンソプ（2013）「高等教育財政政策の政治経済 – 比較制度分析」『韓国政策学会報』Vol. 22 No. 2, pp. 1-29.）

한국경제연구원（2002）『차기 정부의 정책과제 – 모두가 풍요로운 국가를 만드는 길』한구경제연구원 보고서.（韓国経済研究院（2002）『次期政府の政策課題 – すべて豊かな国を作る道』韓国経済研究院の報告書。）

한국교육개발원（2015）『교육기본 통계』.（韓国教育開発院（2015）『教育基本統計』）。

한국사학진흥재단（2006）『사립대학 재무비율 분석』사학경영정보자료집 제8집.（韓国私学振興財団（2006）『私立大学の財務比率分析』私学経営情報資料集第8集。）

한반도선진화재단（2009）『우리나라 고등교육의 선진화 방향과 과제』pp. 81-82.（韓半島先進化財団（2009）『韓国の高等教育の先進化の方向と課題』pp. 81-82。）

英語文献

Axelroth, R., & Dubb, S. (2012). *The Road Half Traveled: University Engagement at a Crossroads*, Michigan State University Press.

Ansell, W. Ben, (2008). "University challenges: Explaining institutional change in higher education", *World Politics*, 60 (02), pp. 189-230.

Ansell, W. Ben, (2010). *From the Ballot to the Blackboard: The Redistributive Political Economy of Education*, Cambridge University Press.

Barrow, Clyde W., (1990). *Universities and the capitalist state: corporate liberalism and the reconstruction of American higher education, 1894-1928*, University of Wisconsin Press.

Carnoy, Martin and Levin, Henry M. (1985). *Schooling and Work in the Democratic State*, Stanford University Press.

Campbell, John L, (1993). "The state and Fiscal Sociology." *Annual Review of Sociology*, pp. 163-185.

Dale, Roger, "Education and the Capitalist State: Contributions and Contradictions," in Michael W. Apple eds, (1982). *Cultural and Economic Reproduction in Education: essays on class, ideology and the state*, Routledge & Kegan Paul.

Eilene Zimmerman., Researchers: *Can Scholarship be Crowdfunded?*

A group of economists turns to an unusual source for funding: strangers, Insight by Standford Business, Stanford Graduate School of Business, 2013 (October 4th).

https://www.gsb.stanford.edu/insights/researchers-can-scholarship-be-crowdfunded

Frank, R. H. (1999) *Higher education : the ultimate winner-take-all market?* (CHERI Working Paper#2). Retrieved [insert date] , from Cornell University, ILR School site : http://digitalcommons.ilr.cornell.edu/cheri/2.

Hall, Peter A, (2008). "Systematic Process Analysis: when and how to use it", *European Political Science* 7(3), pp. 304-317.

Mahoney, James, (2000). "Path Dependence in Historical Sociology", *Theory and society* 29 (4), pp. 507-548.

Skocpol, Theda and Somers, Margaret, (1980). "The uses of comparative history in macrosocial inquiry." *Comparative studies in society and history*: pp. 174-197.

O'Connor, James (1973). *The Fiscal Crisis of the State*, St. Martin's Press.

Slaughter, Shelia & Leslie, Larry L, (1997). *Academic capitalism: politics, policies, and the entrepreneurial university*, Johns Hopkins University Press.

日本語文献

馬越徹（1997）『韓國近代大学の成立と展開：大学モデルの伝播研究』名古屋大学出版会。
吉見俊哉（2011）『大学とは何か』岩波書店。
尹敬勲（2013）『韓国の大学リストラと教育改革；韓国の「大学構造調整」政策の展開』

Book & Hope。

韓国における大学倒産時代の到来と私立大学の生存戦略

令和元年8月5日　初版第1刷発行

著　者　尹　敬勲
　　　　（ユン　ギョンフン）
監　修　松本　麻人

発行人　加藤　勝博
発行所　株式会社ジアース教育新社
　　　　〒101-0054
　　　　東京都千代田区神田錦町1-23
　　　　宗保第2ビル5階
　　　　電話 03-5282-7183　FAX 03-5282-7892

印　刷　株式会社新藤慶昌堂

ISBN978-4-86371-491-5
Printed in Japan
○定価はカバーに表示してあります。落丁・乱丁はお取り替えします。